大成就者傳奇

54位密續大師的悟道故事

普賢法譯小組｜中譯與校閱
凱斯・道曼Keith Dowman｜英譯
羅伯特・比爾Robert Beer｜插畫

目錄

插畫家自述

《大成就者傳奇》爲本書的第三版，第一次是在一九八九年出版，書名《奇幻大師》（*Masters of Enchantment*），第二次是在一九九八年出版，書名《佛教的奇幻大師》（*Buddhist Masters of Enchantment*）。我曾爲第二版寫過一篇簡短的自我介紹，現在而言則已過時，因爲當初幫這本書做插畫和彩繪的時間是在我的前半生，一九七七到一九八七的十年間。

我於一九七七年住在英格蘭的巴斯時，凱斯．道曼（Keith Dowman）剛翻譯完藏文的中世紀印度八十四位佛教大成就者的傳奇故事，他請我幫忙創作一套八十四幅的獨立插畫。凱斯和我早在七十年代初期就認識了，那時我們都住在印度和尼泊爾。凱斯是最早翻譯藏文文本的西方人士之一，我則是最早學習西藏藝術和肖像畫法的西方人之一。那個時候的生活和現在大不相同。當時的印度還沒有影印機，所有東西都要靠細筆在昏暗的油燈下手繪出來，或是在手提打字機上將就地用褪色的色帶，墊著複寫紙打出來的。這樣的方式很容易出錯也很難更正，因此耐心、堅忍與赤忱是那段期間我們眞正的老師。

我們在幫某位經紀人完成將近三十幅繪圖的時候，發現希望落空了；後來，英國的插畫家羅傑·迪恩（Roger Dean）注意到這個計畫。他在一九七五年出版的《見解》（*Views*）是透過維京唱片行銷售，甚至還沒在英國書店上市，就已經成爲最暢銷的書。憑藉該次的成功，羅傑成立了龍的世界出版公司（Dragon's World publishing company）來介紹當時一些有前瞻性的優秀藝術家，他提議製作一本有大成就者傳奇與彩色插畫的書。有一段時間，羅傑資助我進行這項計畫，期間我畫了大約二十幅大成就者的畫，這些圖畫都收錄在這本書裡；但不幸的是，大約一年之後，這個項目的資助又不得不終止了。於是計畫再度擱置了好幾年，直到心靈傳統出版社（Inner Traditions）的總裁伊胡·史柏林（Ehud Sperling）委託我爲這本書繪圖。於是我在一九八四年又重拾插畫的工作，這次則繪製了一整套插圖以及十幅的彩繪。

最後這十幅畫的原件，是我於一九八五到一九八七年間住在蘇格蘭高地時畫的，比起七年前的那批，尺寸比較大，品質也比較好。這時候的我，已經懂得很多西藏肖象畫法，也更具有耐心、更擅長細筆作畫。我也開發出自己使用帕遜AB渦輪噴筆（Paasche AB Turbo Airbrush）的手法，這種筆如果掌握得好，會是使用水粉顏料的絕佳工具。最後十幅畫的主角則爲盧意巴（Luipa）、阿雅德瓦（Aryadeva，聖天）、龍樹（Nagarjuna）、那洛巴

ཨོཾ
ཨཱ
ཧཱུྃ

（Naropa）、帝洛巴（Tilopa）、布蘇庫（Bhusuku，寂天）、賈蘭達拉（Jalandhara）、岡塔巴（Ghantapa）、匝巴利巴（Garbaripa）和烏地里巴（Udhilipa）。

這些圖都是以毛筆與墨汁畫在銅版紙上，每幅平均要花二十四小時。每張樹膠水彩（不透明水彩）的畫要花八十到一百二十小時，所以完成本書的插畫，總共需要超過四千小時。雖然有很多東方畫的供應商宣稱，他們的畫家用一根毫毛的筆或「駱駝睫毛」來畫細節，這其實是不正確的說法，因爲毫毛必須要夠多，才能吃得住油墨或者顏料。我所使用的000號畫筆先要刷掉原來尺寸絕大部分的毛，剩下的部分才能用來畫細線，而且呼吸也必須控制得很有規律——尤其是在畫很長的弧度和逐漸變細的線條時。使用毛筆畫出這種線條的技巧，在許多方面相當於進行腦部手術所需的技巧。

我在很小的時候就熱衷繪畫，一九四〇年代有一本書，名字是《如何畫坦克車》（*Tanks and How to Draw Them*），我從臨摹該書草圖的過程中，學會很多關於透視圖和技術圖的技巧。我最常被問到的問題就是：你怎麼會開始畫西藏的本尊呢？回想起來，從描繪戰爭兵器進展到畫出相貌忿怒的唐卡本尊，兩者之間的關連似乎還可以說得通。

我天生就有紅綠色的色盲，因此不能進入藝術學院。起初我失望透頂，後來卻發現塞翁失馬、焉知非福，因爲我並沒有受到現代概念主義的限制，而我到現在都還認爲它的很多觀點乃是人類靈性的殺手。十三歲的時候，我三歲的小妹死於腦積水，她給我的臨別禮物是以栩栩如生的夢境呈現，在夢中，我們的靈體一起飛越高空，她不再畸形，而是個非常聰明的美麗少女。這次「死後溝通」的眞實性，在五十年之後，我依然清晰記得。這種對於人類心靈具有延續性的內在體驗，開啓了我的心靈旅程，因爲我明白了什麼是愛和喪親之痛，但卻不明白爲什麼發生在我們身上，童年的世界從此再也不一樣了。

不久之後，我的家庭就拆散了，於是十七歲時，我中止了所有的一切而開始流浪的生活，而且很快在旅途上接觸到東方的諾斯替（Gnostic）傳統，它的象徵主義深深影響了我的藝術視野以及創意。到了一九六八的下半年，我進入迷幻藥引發的精神病或說「昆達里尼危機」（kundalini-crisis），這種情況持續了很多年，也改變了我生命的方向。我是在這種因爲心靈與認知的扭曲而極端喜怒無常的狀態下，於一九七〇年代前往印度與尼泊爾，並在那兒住了將近六年。那段期間，我開始深入投注於描繪金剛乘佛教藝術中的寂靜與忿怒觀想境界。這其實並非哲學或學術上的決定，而是直覺的、本初的、原始的抉擇。圖像密切地反映出我自己追尋眞實義中不斷深化的內心過程，可以說是：藝術爲表，內心爲裡。

以上是「這一切如何開始」的短篇神話，其餘部分在本質上，則是屬於內心的。我花了超過二十五年的時間在畫板上，經常全天候工作，期間所完成的許多插圖與畫作，不僅出現在幾百本書上，現在也被無數網站和心靈文化物品所廣泛盜用。我那時所著手的主要項目是一系列尚未出版的佛教傳承持有者畫像，以及《藏族符號與藝術主題百科全書》（*The Encyclopedia of Tibetan Symbols and Motifs*，1999），還有精簡版的《藏傳佛教象徵符號與器物圖解》（*The Handbook of Tibetan Symbols*，2003，時報出版），這兩本書都由香巴拉出版社發行。

目前，我與伴侶姬兒住在英格蘭的牛津，繼續研究並寫作關於西藏肖像畫法，而我現在了解，這不會只是一輩子的工作。過去二十年來，我也和來自加德滿都山谷的一些最優秀的尼瓦（Newar）藝術家一起工作，他們以驚人的技巧以及忘我的精神，畫出印度以及佛教的本尊。他們大多數的作品可見於我的網站：www.tibetanart.com。

羅伯特．比爾（Robert Beer）

二〇一四年二月

英譯者引言

最能呈現密續本質的，莫過於實踐密法大師們的人生。在浩瀚的西藏文學叢集中，就有一類稱爲「八十四大成就者傳奇」。這類獨特故事的集結，據信是在西元十二世紀當印度佛法即將消失之前，由一位叫阿巴雅．達塔．室利（Abhaya Datta Sri）的印度學者，口述給一位叫門祝謝饒（Mondrub Sherab）的藏人譯師而成。這些傳奇描述了印度密續傳統的精神、瑜伽的本質與密法大師的修行，以神話包裝使得未受度化的外行人無法窺其堂奧。

然而，密續佛法中原本適用於普世的實用成分，卻在從東方傳到西方的過程中，由於印度文化的古老和隱晦內涵，造成當代人理解上的障礙。因此，我們對大成就者傳奇的藏文譯本做了揀選。每一則傳奇中，我們著重在凸顯那些表相文化差異下的人類特質，並且強調密續的修行原則。我們的作法包括省略故事中重複與不相干的部分，在隱晦難解之處則加以解說，甚至修改了幾則傳奇的故事情節。傳奇的數目則由八十四則減至五十四則，但每則故事的核心，也就是那些被奉爲神聖的上師所傳予弟子的教授之意義，則盡可能保留，且忠於藏文原著。我們希望這樣的作法能降低傳記中較為玄妙難解的內涵，並提供讀者一個管道，以便能了解成就者哲理中最重要的元素：不二與空性。

成就者的傳統

西元八世紀的印度，笈多王朝（Gupta Rājavaṃśa）的黃金時代儼然已走入歷史。在印度文明於最後綻放之前的短暫平靜中，社會陷溺於刻板的教條和規範裡，如同形式與程序支配了社會，儀式也支配了宗教，因而扼殺了心靈的感受。教界的智者以失傳的語言傾力在學術研究上吹毛求疵，苦行僧則在市集上兜售著他們的加持祈福。於此同時，土耳其人陸續在印度西疆聚集，他們殺燒擄掠，入侵的可怕威脅有如懸在印度次大陸上的達摩克力斯之劍（The Sword of Damocles）。

在這樣的大環境之下，出現了一種新興的佛教形式，使即將窒息的社會得以復甦。這就是釋迦牟尼佛第三次，也是最後一次傳法中所教導的密續教法，亦稱「金剛乘」。密續在印度發展，成為宗教生活的主流，不僅傳播到中亞、中國、日本，也全面進入藏地的每個生活層面。直到最近，西方學者都還是將密續視為正統婆羅門教的異端，有的則是從初期南傳佛教或大乘佛教的角度來理解它。然而近二十年，許多西藏上師從家鄉流亡到西方，他們展現了純正且生動的密續傳承，迫使人們不得不重新評估密續。

這些新興的佛教典範，也就是密續的大修行者，通稱爲「成就者」（siddhas）。最初，在八世紀的印度社會，其所代表的是草根階級的心靈淨化力量。他們與當時的社會和宗教型態格格不入，而社會就等同困惑與束縛，出離心成爲獲得靈性成就的先決條件。他們純然的神祕主義精神顯現於反體制、反主流、反學術的言行上，強調簡單自由的生活，而非制度化的紀律。他們反對空洞儀式、江湖術士、華而不實的哲理、種姓制度，以及婆羅門的淨化儀式。他們是打破舊習的革命份子，所教導的是如何親身參與現況，而非形而上的推理。許多成就者既是音樂家，也是詩人，他們以家庭、親屬、農務、手藝、情欲爲隱喻，用通俗的語言唱出自己美妙而神祕的證道之歌。

在面對主流社會思想時，成就者的叛逆態度從不妥協，且不計代價地保持自己的理念。隨著密續更廣泛地爲人所接受時，擁護者卻越來越不認同屬於賤民階級而有著祕密儀式的遊方瑜伽士。從九到十二世紀，掌控東印度帝國的王室是密續的大護法。在帕拉國王（Pala）的統治下，密續的改革逐漸爲當權派所接受。雖然體制與密續仍然有所牴觸，帕拉國王卻建立了超戒寺（Vikramasila）及飛行寺（Oddantapuri）等僧伽大學，而人們在那兒研讀密續典籍，並寫下大量的論著。

密續演化到後期，成就者所展現的深度包容與寬廣視野，徹底地滲透到社會的每個階層中。八十四大成就者來自各行各業，代表了整個人類所經驗的範圍。他們之中有婆羅門的教士與學者，比丘、比丘尼，國王、大臣，商人與店家，獵人與僕人；成就者當中，算得上最偉大的有洗衣工、牧牛人、小偷、騙子、賭徒，還有一位妓女，另有幾位成就者則身受重病之苦。所有修持密續的男女所共同獲得的領悟即是：一切眾生皆有佛性。而他們與密續瑜伽的業緣，則讓他們遇見上師，接受灌頂，領受密法的傳承教授，並且加以實修。

雖然以孟加拉為中心的帕拉王朝成為密法重鎮，但是印度其他地區對於成就者的傳承也非常重要。位於西北方（史瓦特河谷，現巴基斯坦境內）的烏金國（Oddiyana），便出現了好幾個重要的密法傳承。南印度的甘吉（Kanchi，泰米爾納德邦的康吉維蘭）是密續佛法的主要中心，也可能是建立第一套密法儀式的地區。另外，本書傳奇中數度提到的斯里帕壩（Sri Parbat）聖山（位於安德拉），在成就者的時代逐漸成為密續的重鎮，其地位至今仍屹立不搖。然而，相較於南方的九位大成就者，西北僅有兩位，而八十四大成就者中，有四十七位都與東印度有關。

十二世紀中期，篤信佛教的帕拉王朝被歷時短暫的印度塞那王朝打敗。西元一一九九年土耳其入侵東印度，在最後的進展中，有位將領把超戒寺誤認爲軍事重地，於是屠殺僧侶，放火燒毀了珍貴的圖書館並摧毀僧伽大學。在狂熱的伊斯蘭教餘波下，佛教不但沒有任何護法，也失去了民間支持，整個北印度地區的佛教徒不是殉教，就是在武力的脅迫下改信回教，或是流亡到喜馬拉雅山區。尼泊爾與西藏的密續傳承，由於難民的湧入而得到極大饒益。此後，佛教在它的故土反而轉入地下發展，最終被更頑強的印度密教傳承所吸收。在納特（Nath）瑜伽術的傳統，中古世紀神祕主義詩人迦比爾的蘇菲教傳統，甚至現代的孟加拉詩人泰戈爾的詩中，都看得到密續的影子。

相關名詞的定義

這些心靈的冒險家是何方神聖？他們教的是什麼？他們修的是什麼？在回答這些問題前，我們先說明幾個梵文用詞的定義，這樣應該會有幫助。這幾個梵文用詞，由於找不到相對等的英文，所以在整本書中並沒有翻譯出來。

首先是「siddha」（音譯：悉達，意譯：成就者）這個字。悉達是修持密續得到成就的人，他們的成就稱作siddhi（梵文音譯：悉地，意譯：成就）。這裡的成就有兩重意義：獲得世間的神通，以及出世的證悟。「悉達」這個字可以是「聖者」、「占星家」、「魔術師」，或「善巧之人」。但即使如此還不足以形容，因爲「悉達」引發的是整個生活方式，一種獨特的存在狀態，以及非常特定的嚮往。對門外漢來說，講到悉達，首先的聯想會偏重在神通。如果有哪位瑜伽士，不論男女，能穿牆而過、翱翔天空、療癒病人、化水成酒、懸浮於空，或具有讀心術，就能獲得「悉達」的稱號。如果這類修行人同時還雙眼閃爍著瘋狂，炭灰覆蓋著身體，歌聲能令人落淚，甫現身即可讓流浪狗安靜，引導忠貞的婦女拋家棄夫，把金剛杵戴在長長的髮結中，以顱骨爲食皿，和鳥兒說話，看見癲癇症的小孩會哭泣，與痲瘋病人睡在一起，無所畏懼地斥責道德低落的高官，或者在做出令人信以爲眞的反常行爲之同時也示現「更高的」實相，那麼他們可就是加倍的悉達了。

儘管如此，那些對成就者在心靈與實際上所追求的成佛目標，也就是大手印境界毫無概念的人來說，通常就會有這類的看法。當然，辦公室、農場，或工廠裡，都有成就者孜孜不倦地在工作。成就者也可能是國王、僧人、僕人，或者妓女。前置詞「瑪哈」（maha，音譯「摩訶」）是「大」、「非凡」、「雄偉」的意思；因此，瑪哈悉達（mahasiddhas，大成就者）便是成就最高的悉達當中最偉大者。

Sadhana（成就法或儀軌）有時被翻譯成「心靈的紀律」。然而它也有「達到人格超越與至樂的心靈試煉法」，或「在菩薩戒的攝持下身語意整合的行止」的意思。更明確一點，成就法即是瑜伽士或瑜伽女所修、由上師給予的禪修教授，或是領受灌頂者主要的修行儀軌。

很顯然地，成就法是密行者（tantrika，修持密續的人）生命的中心概念之一，也可以說，成就法成為了他個人的一生。事實上，個人生活與成就法離得多遠，其對灌頂誓言所毀損的程度就有多大。該項誓言乃承諾要以利他之心全然地投注於獲得「不二」的奧祕了悟經驗。大成就者所採取的成就法形式與他們的個性一樣變化多端，然而就狹義而言，他們多數的修行法門都屬於生起與圓滿次第的禪修。

成就者共同不變的成就法目標，即是大手印成就（mahamudra-siddhi），那正是佛陀親身體驗到的證悟。處理「證悟」（enlightenment）這個含糊又過度使用的詞，最容易的方法，便是把它定義為獲得一種對「萬法為一」的相續、極致覺受，也就是對究竟實相（勝義諦）的無二認知，或說是明光，神祕的明覺，以及將個體人格消融於宇宙共通的心中。佛陀的證悟則有特定的定義，其與我們所謂的愛不謀而合，而這份愛就是一種寬廣包容、能夠同理、犧牲自我的社會敏銳度。這就是大手印成就的境界。

隨著大手印成就，必然會出現世間成就（mundane siddhi），但反之則不然。事業成就一般定義爲獲得八大悉地（能力）、六種神通，以及四種事業。

對於八種能力的闡釋，根據不同傳承而各自相異。在本書的傳奇中，龍菩提（Nagabodhi）從龍樹菩薩所獲得的悉地，包括了土遁（穿透物質的能力）、寶劍（煉成有咒力加持之智慧寶劍的能力）、隱身（毀滅與創造——分解物質與合成物質——的能力）、眼藥（以第三眼看見世界的能力）、取出伏藏（發現實體與抽象伏藏的能力）、迅走飛行（快速行走的能力）、長生金丹（合成不死丹藥的能力）。上述項目，依修學者各自的信心與認識，可以理解爲眞有其事或只是比喻而已。因此，穿牆而過的能力可以解釋爲成就者啓發懷疑者信心的眞實神奇能力，或是以此爲比喻來顯示現實的本質如夢境、幻相、妄想，一切事物都體驗爲光與虛空。

所有這些悉地必須在「萬法唯心造」的基本信條下來理解。對成就者來說，沒有身—心，身體—精神的二元分別。這些悉地之所以爲「大」，是因爲其可作爲成就法的修持輔助。

六種神通指的是六種心靈能力，和以心靈術語來表述的大悉地有同樣的旨意：他心通、宿命通、天耳通（有「神耳」，通曉一切語言，包括動物和鳥類等）、天眼通（淨眼所見，特別是能感知他人痛苦的直覺）、神足通（操縱四大元素，能夠飛行或在水上行走），以及能逮住並消滅煩惱情緒的漏盡通。這些都是大成就者菩薩所能運用的能力，以加速自他成辦不可意會之大樂。若於出定之後仍然能隨心所欲引發這些能力，才是眞正修達成就法的徵兆。

息、增、懷、誅這四種事業，總括了八大悉地、六種神通，以及其他能令心神平靜的善巧方便，具有針對任何設定目標而予以增盛、控制與操縱，或滅除的能力。雖然成就者自然便具備行使這四種事業的能力，但是除非他們能以當下直觀而曉得如何取捨，否則單單能力本身依舊沒有效用。這種直觀的覺知是以四位空行母爲代表，也就是四種事業的關鍵所在。

我們經常使用的另一個詞，是 samsara（輪迴）。雖然可用幾個簡明扼要的詞組來替換這個梵文，如「生命之輪」、「再度投生」、「迷惑的輪轉」、「轉生」，但這些都算不上好的翻譯。通俗地說，輪迴就是由業力決定而輾轉投生到人、天、修羅、地獄、餓鬼、畜生六道的這種令人無可奈何的循環。奧祕地說，輪迴就是心識在六道連續不斷、複雜深刻的種種心理煩惱及侷限思惟當中流轉的狀態。

以心理學的術語來說，輪迴即是「焦慮」，我們每個人或多或少都有這種經驗。但是在西方的文化中，大家都認爲只有嚴重的焦慮狀態才需要心理醫生或牧師的治療。其實，精神異常、偏執恐慌、誇大妄想、人格分裂，以及各種神經疾病，都與輪迴六道的描述有密切的關係。就佛教的看法而言，人類多多少少都有某種程度上的精神異常——說得好聽一點，則是特異化。無論從轉世投胎、處境令人不滿、焦慮，或者精神官能症的角度來看，輪迴都是人們偶而想會或一直想要逃離的狀態。佛教最主要的關注所在，便是讓人脫離輪迴、進入涅槃的方法。「釋放」或者「解脫」用在佛法的背景下，指的都是從輪迴解脫。成就者發展出他們自己的解脫方法，而這些方法的特點是迅速、民主、嚴格，而且通常都具危險性。

「Tantra」（原意：持續、相續；衍伸：密續）這個字常見的用法中，很少具有它字面上的意義，也就是「線」、「持續」，或者「經與緯」的意思。它指的是生命本質的、毫不變易的、持續不斷的元素，也就是空性，或者「眞如」，那是凡夫心識中與生俱來之究竟、依緣的實相（不變眞如、隨緣眞如）。我們用「續」來標示一種精神，一種依循法教經典所述修行規範而決定生活方式的精神，這樣的精神本身就叫作「續」。

由於密續廣爲人知的只有儀式、性欲，以及咒術等明顯且聳動的元素，一般對這個詞的聯想難免失衡而且誤導。在密續的四部（事密、作密、瑜伽密、無上瑜伽密）當中（在此我們不討論相似但不同的印度密教），屬於下部者大多富於儀式，並且極大程度上更在意成就暫時的目標和咒術的力量。屬於上部者雖然也有儀軌觀修，然而能通向大手印成就的無上瑜伽密對儀式本身是排斥的。而在八十四種修行密續的典範傳奇中，則描述了非儀式化的禪修。此外，儘管正統佛教對性欲甚爲嫌惡，密續卻將它視爲可用來證得大手印的方法之一。由於密續中經常用到關於性欲的類比、隱喻與象徵來描述心理過程，於是更加助長密續瑜伽就是性力瑜伽的誤解。

淺談密續

若要了解成就者教導中所隱喻的內涵，閱覽密續文獻會有所助益。這些文本的依據來自所謂的「根本續」。不同的典籍各自講述與特定本尊相關的修法。因此，與成就者相關的重要本尊，如密集金剛、勝樂金剛、喜金剛、大幻化，以及閻魔敵，每位本尊都有祂的壇城、眷屬；生起與圓滿次第禪修；支分儀軌（火供，薈供）；觀想供養的成分與象徵意義的細節描述；以及各別密續不共的部分。舉例來說，喜金剛密續有個段落，便講到不同的看式（凝視的方式）所產生的心理效益。

如果拿掉根本續中的儀軌部分，剩下就是最精華的主體，而這個主體的核心概念是「法界」（the Absolute，究竟），它如同發電機，給予成就者巨大的心靈能量、力量以及了悟，並讓他們充滿驚人的自信與動力。然而，成就者總是謙稱自己一無所知。因爲，法界超乎思惟，不是凡夫心識所能領會。它不可言說、無可定論，也遍尋不著。

他們所使用的一個重要詞語（儘管有多種說法）爲「實相」（梵文 tattva；藏文 de-nyid），或者「眞如」、「如是」，還有「究竟特性」，這是因爲，悖論是最能貼切表達「實相」的方式。無論是單一經驗的究竟特性，還是整體時空相續的究竟特性，都是空性（梵文 sunyata；藏文 stong-pa-nyid）和明光（藏文 od-gsal）。它沒有開始，沒有根本，因此被稱爲「無生」或「自存」（非創造而來）。它是宇宙全體，也是一粒微塵。儘管如此，由於實相完全不可言說，任何關於實相的概念都不是眞理，唯一的是這些概念在概念性思緒的過程中會逐步削減，直到最終完全拋棄。

思想與悖論

密續輕視概念化的想法。典型的密續很少考慮邏輯上的一致性，經常會出現悖論。當我們在讀成就者的道歌時，最美麗的悖論必然會出現在對概念性問題的答案中。試問：如果萬法是究竟實相、空性、空無，那麼，在了悟的成就者眼中，物質是什麼狀態呢？答案：空即是色，色即是空。

空若不是色，則一無所是，而當萬法被視作虛空時，色並未消失，否則這就暗示它違背了大乘佛法一再強調的前提，也就是在凡夫心識所感知的境界之外，並無超越此範疇的有，或非有。當我們說萬法是空，並不意味眼睛的感官不作用了。它暗示的是能感知者理智上的虛空與所感知的本然虛空是吻合的。所有現象的顯現就像雞蛋上的透明薄膜，或者更好的說法是全息圖像（hologram，立體視訊影像）中的能知與所知，「自」與「他」合而為一。這就談到了大手印的偉大奧祕。這個奧祕可以視作「雙運」（yuganaddha），合一與二元（unity and duality）變成一種同時存在並持續的高峰經驗。

在大手印中，達到自他的合一時，意味著消除自他之間的障礙。當成就者能夠對一切有情具有全然的同理心時，人我關係的範疇便一下子敞開了。有了他心通與預知的能力（連結自他的直接結果），成就者現在已有能力引導其他人修行成就法。

當一個人在獲得極致奧祕經驗的同時，也會被大悲所充滿，意思是真正地「同悲」，並且自發地圓滿菩薩戒，能以任何必要方式毫無偏見地服務他人。慈、悲、喜、捨四無量心構成前行禪修，目的在於培養與眾生一體的感受。在輾轉增上的完美舞步中，大手印的合一境界能引發這些人我關係的善德，同時，與眾生一體的感受會更誘使如此的合一境界出現。傳奇中的成就者以自發的感情流露而聞名，無論對象是飢餓的小狗或女子的美貌。成就者的道歌（caryagiti）經常都充滿對於女人深邃的愛慕。

方便與智慧

大手印雙運的兩個元素是方便與智慧，前者相應於男性，後者則相應於女性。上師體現了達到證悟淨樂所必要的方便，空行母則帶來完美的洞見與智慧，故而是淨覺與大樂的合一。

通常，方便以慈悲來表示，圓滿的洞見（智慧）則以空性來表示。在這個背景之下，慈悲就不能定義爲同情，甚或神聖的愛。這裡的慈悲，指的是菩薩的敏感度，本能自發地以無量善巧方便回應外界的需求。

這些方便法門以整體密續本尊來表示，特別是忿怒尊，祂代表的是心理能量的樣貌，能轉變負面能量爲淨樂的甘露。這些本尊的面孔在唐卡（捲軸畫）中常以面具爲代表，以表示不執著於其臉孔所刻劃的狂暴情緒。舉例來說，金剛乘成就者出於慈悲，可能示現激烈的忿怒相來摧毀他人心中的恐懼，但同時又因不執著而能不受情緒傷害。

相對於以男性象徵慈悲，女性則象徵著空性。圓滿洞見的完整定義是「洞察一切事物的自性為空」。因此，圓滿洞見與空性，和隨緣究竟與清淨不二的覺性，便有著類似的面向。當慈悲與空性合一，它就是自覺的、空性的、究竟的自性。此即為空行母的加持。

淨樂

成就者對於修持成就法是樂在其中的。那些心理上希求簡單生活的人，走的不是修行之道，反而是極端的禁欲主義，導致同時代有些人甚至用毀滅性的自我厭離方式來折磨自己的肉體或心志。成就者當然也修淨障法。但是對他們來說，罪惡在灌頂時就被根除了；而所謂的罪惡，也只是針對無法進行禪修或各種採取極端看法的傾向而論。

在他們眼中，生命是一場聲光奇觀，一場暫時的能量排列之舞，稱為「大幻化」，也就是「宏偉幻相」的女性化現。他們教導「生命如兒童之戲耍」。「世界充滿自然的快樂。跳舞，歌唱，享受吧！享受感官之樂，但是」——此處，便是區別成就者與神經質享樂主義者的重點所在——「但是，不要執著。去汲水，但別弄濕自己。」

因此，享用生命既是成就法的結果，也是獲得成就的方法。八十四位成就者當中，很多都以感官愉悅之物作爲禪修的所緣境，例如鮮花、鳥語、音樂，還有男女的情愛。修持成就法的結果是「淨樂」（極樂，梵文 mahasukha；藏文 bde-ba-chen），這不同於靠著刺激次數以增加感官體驗。淨樂是因感受到佛陀如虛空般的存在狀態，關鍵在於掌握這個究竟層面的萬法自性，並且讓它在相對層面有所作用。

空性，也就是法身（梵文 dharmakaya；藏文 chos-sku），意思是對萬法存有的究竟體驗，它是無所不包的。用來描述它的文字，只是在表達那無可表達者，譬如不可思議的非二元性、清淨的覺性、空性、淨樂、界（梵文 dhatu；藏文 dbyings）及明光。相對層次上，則有受用之報身（梵文 sambhogakaya；藏文 longs-spyod-sku），以及如幻之化身（梵文 nirmanakaya；藏文 sprul-sku），兩者則結合了究竟的大手印狀態。

以男性爲代表的善巧方便，相應於受用之報身以及獨特的美學饗宴，並透過遍一切處的神聖原型與具有象徵意義的指示來引導眾生。其根本自性爲燦爛的光明。

以女性爲代表的圓滿洞見，則相應於如幻之化身，於此狀態中，空行母以誘人的光芒舞動著奇幻的顯現。其根本自性爲慈悲的彰顯。

法身、報身、化身這三種佛身的樣態，也可以觀想為彼此交流的不同空間，或是一座壇城的中心、半徑、圓周。上述的教義，對於了解成就者的玄妙哲理至為重要。

上師

傳奇故事所呈現的架構通常是：診斷病情，對症下藥，然後痊癒。在這些故事裡，我們發現病者都是自知有病，同時厭惡目前的生活。他們痛改前非，並且願意接受治療。這時上師必定出現，在弟子請求教授之後，上師為弟子灌頂授戒。這裡的戒條通常是指生起次第與圓滿次第的禪修指導。弟子們照著成就法修行，獲得大手印成就，並在過程中治好原來的病。成就者（悉達）都在他們那一世即身成佛，並以肉身進入空行母的淨土。

這些傳奇無一例外，都強調上師的重要性。在此不能僅僅簡單地將師長視為能傳遞某些特殊知識的不凡之人，雖然弟子會有這種先入為主的想法。關鍵在於弟子親近師長時必須完全順服，因為從密法誓言的角度而言，上師只能傳法給那些在吉祥的時刻和契機的情況下，帶著敬意前來求取灌頂和教授的人。

然而，灌頂會徹底轉換上師與弟子的關係，摧毀求授者所有預設的想法。灌頂的關鍵是上師〔向弟子〕顯現自己是佛，而求授的弟子也確認上師就是佛。因此，受灌頂的弟子其基本修行便是要能夠重現這種合一的經驗，然後完全攝入日常生活當中。當弟子能夠視一切眾生和所有顯相皆和自己之身無別，視人類語言和所有音聲皆和自己之語無別，視遍在、清淨、無二的覺性和自己之意無別時，他就成功達到了與上師無二無別的境界。因此，雖然受灌的人永遠都會對那位由佛所顯現而為他灌頂的人保有尊敬，他們對上師的關注逐漸會延伸到涵攝一切有情而無一例外，包括他們自己在內。成就者便是有這種境界的人。

許多成就者的上師都是由空行所化現，其他更多成就者的上師則根本不是人類。有時候，智慧空行（藏文 ye-shes mkha'-'gro）出現在報身刹土，於吉祥的時刻為瑜伽士灌頂。如果瑜伽士具有全然開展的觀想力，將會見到面前顯現的上師；否則可能只聽到聲音，或者在心眼中見聞，但結果是一樣的。有時候空行會示現人形。至於世間空行（藏文 jig-rten mkha'-'gro）通常會對遊方瑜伽士示現為妓女或舞女。

空行的「女性」身分強調了密續中徹底的無二無別，也就是說，每位女性都是空行母。就算缺乏覺受上的認知，她仍然是密續中的空行母。對某個成就者來說，空行母是他的母親；對別的成就者而言，則可能是年輕的女孩。空行上師顯然最具有賜予瑜伽士灌頂以修行圓滿次第禪修的能力，方法就是以她的智慧與他的方便結合，而這情況經常發生。有些成就者則是獲得菩薩的灌頂，特別是文殊菩薩、觀世音菩薩、度母，祂們時而以報身的神聖形相顯現，時而則以化身的樣貌顯現。

墳場

在傳奇故事中，上師和弟子的相遇通常是在墳場（尸陀林、尸林）。墳場充滿了各式各樣的象徵意義。首先，它是自我的死床，而它顯然也是遇見上師的地方。修密的瑜伽士喜歡待在墳場，視之為思惟暇滿人身、無常、死亡、業果法則，還有空性本身最理想的地方。它也是在嚴峻冬夜時想辦法保持溫暖的好地方。

於是，師徒便在彼此都能同理的狀況下相會。受灌者在這裡於混亂的世界死去，進入光明的世界而重生。豺狼與鬣狗潛伏在陰影中，淒涼嚎叫著；烏鴉與禿鷹在上空盤旋，指望像豺狼一樣嚐到人肉滋味。火葬的堆柴燒裂，火星飛揚上沖，臍輪中的空行母點燃並融化了堅固執實的思惟模式。腦袋裡所有的僵化固著都融化成不死甘露，滴入空行母的顱杯中。所有現象界的顯現都有著超現實的色彩，而眾生似乎像塚間幻境中至極狂喜的鬼魅幻影。

不僅如此，受灌者也只有在火葬場才能找到瑜伽士所需的附屬用品，譬如拿顱骨當作杯子，股骨當作腿骨剛令（號角），其他的骨頭則當作頭冠、項鍊、皮帶——如同骨頭是人體的次結構一般，空性也遍及於實相中。

灌頂與教授

灌頂不僅用來指示弟子前進的方向，也是入門後進階的正式儀式。灌頂也是一種授權，上師於灌頂時必須爲弟子顯露佛性、心的自性，或說是隨緣的眞如，並且表明所將進入的壇城本尊功德。這意味著受灌者應具有高度的包容性與敏感度，而授予灌頂的人則必須敏銳、強大，並且有充分的覺知。

多數成就者在遇見上師前，並沒有修行的經驗，而在那之前，他則經歷了錐心的失落感，那是一種由極度身心痛苦所產生的靈性眞空狀態，也因此足夠成熟到可以承受劇烈的心靈轉化。在輪迴苦難坑洞的底層，到了某個時刻，人將會認知到他自身的侷限與妄想皆爲整體心靈的一部分，因而無法客觀看待。

在這種讓人自慚的認知發生的同時，對於珍貴人身全新潛藏力的高度期待也會生起。這樣一來，從坑洞反彈而出，可能正是地獄的開始。上師的作用就是令反彈的方向轉離再度投生其他道界的陷阱，並且引導弟子徹底離開存有之輪。在《西藏生死書》（*The Tibetan Book of the Dead*）中，這些陷阱被描述成從死後到轉生的過程中所出現的各色光芒，吸引著不同習性的眾生心識。

自責與懊悔是導致弟子渴望灌頂以及上師決定賜予灌頂的主要因素，就像基督徒「遇見基督」「得到重生」的經驗一樣。嫌惡、慚愧、自我仇視，以及虛無的苦悶，這些感覺越嚴重，受灌者的容受性就越強，而意識上的翻轉就越徹底。上師必須永遠在吉祥的時刻來到現場——如果他們眞是上師的話，必然如此。

灌頂之後就是教授，它與特定的灌頂內容可能只有微細的連結。然而，上師的教授絕對不僅止於傳遞用來實修的概念。就在灌頂的神祕經驗初次注入弟子時，上師或佛陀的話語在本質上就是空性之音與清淨之樂。在這個經驗中的那份清淨覺性，則組成了祕密教授（藏文 **man-ngag**）最重要的面向。

其次，當受灌頂的人敞開心胸傾聽上師的教授時，通常就能聽到表相的言外之音。這種超越概念的引導層次，是直接並且具穿透力的。此處，若是以妄想心來過濾這些具有象徵意義的指示，而非以直覺容許它們被立即吸收，便會有危險。

最後，銘記著特定禪修教導的戒條，就成爲修行者所修持的成就法。多數成就者的修行屬於生起和圓滿次第。然而，密乘的定義之一是「眾多方便之道」，表示其方法之多，有如大海之量。

若要廣義解釋「眾多方便」，密乘或者金剛乘——也就是以金剛來象徵究竟、空性眞義的修道，本身就包含聲聞乘（小乘）行者所修的專注單一所緣（止，奢摩他）、守護根門（觀，毗婆奢那），以及嚴格的個人戒律。它同時也包括大乘（菩薩乘）修法中的禪修空性、思惟四無量心，以及生起大悲菩提心。在這之上，還有大量不同的純粹密乘修法，例如觀想本尊、持咒、身體的瑜伽、氣脈的掌控，以及複雜的煉金儀軌、無相禪修、朝拜聖地等。

密乘之所以爲眾多方便之道，是因爲它以整個人類活動領域作爲禪修的基礎，如同成就者所修持的成就法中顯示：國王在寶座上修，農人在田地裡修，好色之徒在床笫間修，鰥夫在火葬場上修。更甚者，在座上冥思的瑜伽士可能面對的是最恐怖的神經質混亂，以及令人咋舌的變態概念。任何狀態的心，都是造成它自身轉化的手段。意思是，無量種類的人格缺陷，也是獲得大手印成就的無量方便。

煉金術與禪修

瑜伽士是煉金者，轉困惑之心的基本金屬爲清淨覺知的黃金。瑜伽士所持有的基本金屬質量，並非重點所在。哲學家的點金石實際上就是同類療法（或順勢療法）中造成瑜伽士最初困惑的毒藥。

如果心靈主要的毒藥是情欲，那麼遵循上師的灌頂教授，面對一定劑量的欲望來禪修，弟子就會見到一切欲望的自性爲空。在初次瞥見心的究竟自性之後，整體宇宙究竟自性的了悟也會隨之而來，這就導向大手印成就。

對治最初苦惱的方法，就在神經質人格自身的自性上，而此類治療手段背後的原則，爲同類療法的至理名言：以毒攻毒。使用這種創新但有高度危險性的技巧是合理的，因爲佛陀預言祂的教法會以清淨純正的形式住世五百年❶，然後以被修飾改變過的形式住世五百年❷。因

譯註：
❶正法時期。
❷像法時期。

此，在鬥諍期的黑暗時代，人們無法持戒，也失去像小乘阿羅漢或者大乘菩薩那樣對修行的熱情。此時，成就者的修法將揭橥於世。

我們身處於鬥諍期的徵兆，就是弟子缺乏耐心。瑜伽士不願意經過一劫又一劫的受生然後獲得涅槃，他們急求果報。密乘修持最需要時間的部分，便是淨化心識、滅除惡行與貪愛、培養善行與清明的過程。密乘的基本原則之一，就是認爲好壞、善惡、苦樂都同樣虛妄。當所有東西在蛻變過程中都是等價的原物料時，執著好的、快樂的，同時排斥惡的、醜陋的，又有什麼用呢？

這裡的危險在於受灌頂的人可能濫用戒條。然而，認爲惡行與貪愛在究竟上具有和善行與清明相同功德的錯誤概念，在灌頂時，由於受灌者發誓服從上師並做出承諾而得以遮除。這些承諾叫作三昧耶，如果破壞了三昧耶，受灌頂者會墮地獄。密乘道的危險，相對於其技巧所證實的功效，是合理的。這樣清淨的傳承至今仍然存在，並且依舊傳遞著能轉凡夫心識爲成就者覺性的戒條，這一點就足以說明了。

其他禪修系統碰到的障礙，在煉金師的禪修（梵文 rasayana；藏文 bcud-len）中，都被視爲修道上友善的助伴。神經質的心態以及環境帶來的挫折，正是用來超越這些狀況的手段。情欲、貪欲、欺騙、癡迷、固執，全都是禪修的內容。所有不速之客，突如其來的聲音衝擊，偏執的幻相，以及內心的喋喋不休，都能協助瑜伽士成為成就者。

然而，我們必須記住，那些成就最高的悉達，那些至今仍活躍的藏系法脈開派祖師，例如盧意巴、撒若哈、帝洛巴、那洛巴、毘盧巴，以及龍樹，都是具足出離心的瑜伽士，他們捨棄家園和親人、宮殿和學府、保障和安逸、聲望和財富，在一無所有的情況下修行成就法。他們雖然也做同樣的煉金術禪修，但會先拿掉造成嚴重強烈癡迷和貪欲的主要原因，這兩者是建構和塑造心靈的最強媒介。

生起次第的禪修

在生起次第的禪修（梵文 utpattikrama；藏文 bskyed-rim）中，瑜伽士首先觀想自己與一片開闊的虛空化為合一。虛空中生起一種子字，代表即將生起的壇城主尊其完美的音聲形相。運用創造想像力的感官，觀想從種子字生起本尊和祂的聖眷眾以及明妃們在垣牆與城門圍繞的宮殿之中。然後透過具有象徵意義的手勢（結手印），重複唸誦本尊的種子字音（咒語），以及觀想本尊的身相，而使得壇城的本尊有了生命。

瑜伽士入於和上師合一的三摩地中，讓本尊、寶冠、莊嚴、飾品等從單純的象徵物成為栩栩如生的顯現。接著，以此為基礎，進一步觀想從自己的心間、喉間，以及頂輪，朝向各由一尊佛為代表的相應廣大淨刹放射光芒並收回。進一步的詳盡觀想還包括向本尊獻供、懺悔、修補毀損的三昧耶誓言、讚歎並禮敬諸佛。最後，觀想境消融歸回最初生起的虛空中。

生起次第的修持應當能引發瑜伽士對世俗諦（梵文 samvrtisatya；藏文 kun-rdzob bden-pa，「一切皆是虛妄的眞諦」）自性的了悟，也就是領會到：一切顯相如幻，無非是我們感官的作用；沒有恆常不變的靈魂或實體；宇宙是一個相互依存的體系。

圓滿次第的禪修

圓滿次第的修法（梵文 utpannakrama 或者 nispannakrama；藏文 rdzogs-rim）包含較高技巧的禪修，其結果是了解勝義諦（梵文 paramarthasatya；藏文 don-dam bden-pa）。但是，由於世俗諦與勝義諦有如硬幣的兩面，生起次第與圓滿次第都將導至相同的目標。

基本上，圓滿次第的禪修技巧意味認知色相上的空性，或者色相消融於空性。特定的圓滿次第修習法門有夢瑜伽、拙火瑜伽、大手印禪修、幻身瑜伽、遷識瑜伽、明光禪修，以及結合方便與智慧以生起淨樂的明點。

圓滿次第禪修中最關鍵的觀想系統就是微細身的觀想。微細身包括脈（梵文 nadi；藏文 rtsa）、輪或能量中心（梵文 cakra；藏文 'khor-lo）、在脈之中運行的氣（梵文 prana；藏文 rlung），以及氣的精華——明點（梵文 bindu；藏文 thig-le）。

中脈（梵文 avadhuti；藏文 dbu-ma）是一條從海底輪到頂輪的精神能量管道或神經；右脈（rasana，屬陽）與左脈（lalana，屬陰）平行運行，在臍輪與中脈合一。支分的脈或神經像血管一樣從全身各處合流，然後從五個能量中心進入中脈，分別為：海底輪、臍輪、心輪、喉輪及頂輪。

雖然這個觀想系統可以讓瑜伽士操控各個脈輪中心的能量，以達到不同的世俗目的，但主要目的還是讓所有能量之流可注入中脈以及頂輪，以達到究竟解脫。這個系統的關鍵在於連結右脈與方便（男性），左脈與智慧（女性），而結合二者的中脈即為大手印。

成就大手印

在很多傳奇中，都說到生起和圓滿次第裡有上師的修行教授，然而教授的文字卻像傳奇質樸的敘事背景中的一粒寶石，通常難以明白它和不同修行狀態的關係。當這種情況出現時，便單純假設「生起」與「圓滿」指的是禪修的原則：首先空即是色，次而色即是空。舉例來說，顱器象徵第一原則，而它的空是第二原則。生起次第運用欲望的外向能量，與父續有關，而圓滿次第則運用規避、求死（death wish）的內向能量，與母續有關，生起次第意味著放射發散的能量，而圓滿次第意味著收斂內攝的能量。

若想證得大手印，就需要結合生起與圓滿次第，透過修持色空不二、止觀雙運，讓向心與離心的能量合一，並結合方便與智慧。如是這般，生起與圓滿狀態所象徵的男性與女性原理便得以合一。

幻相的陷阱

此處，引用兩則對成就者具有反感的格言作爲說明：「隨心所欲，就是律法」；「無一爲眞，百無禁忌」。前一句是亞歷斯特．克勞利（Aleister Crowley）的格言，他號稱「偉大的野獸」（The Great Beast），是二十世紀英國修習古典魔法的首要人物。第二句出自蘇菲主義的大師哈桑．薩巴（Hassan-i-Sabbah），他在十一世紀成立了位於阿富汗的暗殺組織。

這兩句格言，在某些條件下，成就者是可以接受的。在了悟淨覺與空性之後，成就者的行爲往往變得無拘無束，合一的神祕經驗令他總是不由自主地發散出慈悲的行爲。成就者只做利益一切有情的事。然而，若缺少自他合一的了悟以及隨之而生的良性同理心，克勞利的格言很容易變成自私、野心、渴望權力的自大狂的理論依據。

由於勝義諦全然不可思議而且無法言喻，沒有方法能創造出這種「眞實」，或是將它從非眞實中分別出來。由於世俗的心靈作用只能製造幻相，並且由於「客觀現實」是心的作用，心只能虛妄地詮釋幻相。任何一處都不具堅實的基礎：

我們對事物的看法皆爲妄念，
因爲能知與所知都不具實體。
既然稍縱即逝的刹那爲欺誑，
便沒有所謂的眞相。

因此，成就者會同意哈桑·薩巴索說的「無一爲眞」，也會同意「百無禁忌」的格言。但是，對於克勞利的格言，成就者會堅持有條件地承許。要防止反社會權力的濫用，首先「我」與「我所」必須消融於空性之中，這個「失去自我」（ego loss）的過程，意味所有想將個人意志強行加諸於他人之上的野心、欲望，或情緒性的要脅，都早已消散無蹤。

業力

或許有人會反駁說，「刺客組織」（the Assassin）❸徹底服從的誓言，與失去自我有類似的效果，但是最後的審判遲早必然來到，那時他們所謂上師格言中的謬誤就會暴露了。

就算有人設法了解現象界都是假相，道德與社會價值僅只是心所創造，以及一切眞理都是相對的，這種覺察不會自動超脫於業力之上，或不受業果法則影響。眞正的解脫只能來自不斷體驗並認同空性，也就是究竟實相。

那些依「百無禁忌」的主張而行事的人，以及仍有許多業債要償還的人，如：不道德的唯物主義者、玩弄權術的政客、享樂主義者，甚至野心勃勃的上師座下那些唯命是從的弟子，仍會受到不可抗拒、深不可測的業力作用所牽制。然而，對於能夠隨時在覺性的究竟虛空中寬坦放鬆、思惟河水的流動卻心無所執、不假思索且不費力氣地任運而做的成就者來說，他的行動卻可以不起漣漪。成就者的作爲絕非我們平常的作爲，雖然可能表面上如此顯現，眞相卻恰恰相反，因爲他們的行事風格就是「無作之爲」。

這與道家的「無爲」概念很近似，沒有動機，沒有目的。個人內在所驅動的行爲會爲了個人或社會的利益而企圖改變流水的方向。好比往平靜的池塘扔石頭，這些行爲激起一圈又一圈的因果漣漪，最終無可避免地泛回到攪亂水流深處之寧靜的人身上。業力因果是這樣運作的。

相較之下，成就者的行爲與宇宙的流動非常和諧，以至於他們可能看來像是宇宙法則的代理人。他們也可能看來像從帽子裡掏出行星、恆星的魔術師，或編排大自然交響樂的指揮家。這就是爲什麼成就者無可避免、不可或缺又絕對明確的無作之爲，會被認爲是「爲了一切眾生的無私行爲」。

瘋狂的聖者

但是，成就者的瘋狂行徑和不受約束的情緒，以及對社會習俗的蔑視，又怎麼說呢？就成

❸在十字軍東征時暗殺基督教徒的穆斯林祕密團體。

就者本身而言，所有行為都具有同等的價值。只不過觀察者在二元心態的偏見與限制下，會將某一類行為視為和諧、無私，並且「神聖」；而將另一類行為視為反傳統、令人髮指，或不正常。

雖然無作之為並不受社會習俗的參照規範所限制，它卻受限於成就者的前行訓練。此時，為了準備領受灌頂並體驗失去自我所做的身體上、道德上與內心上的訓練，其重要性就變得明顯了。證悟的本身，並無法改變上述的這番事實。社會風氣對於瘋狂的聖者與證悟的小丑之難以容忍的態度，會令忘記做好自身功課的成就者作風受到箝制。

上師有責任確保準備受灌頂的人不會成為傳承的負擔。上師的確可以確定在他證悟體驗下所注入弟子血脈中的慈悲，能讓受灌者免於邪魔的行為。然而，賜予灌頂的上師在接受灌頂請求時，也必須非常謹慎，因為有些受灌頂者在失去自我後的行為可能會對自己造成傷害。在聖者的瘋狂與全然的精神錯亂之間並非是一線之隔，而只是程度上的問題。

空行淨土

所有獲得大手印成就的悉達，「最終在空行淨土獲得究竟解脫。」有些傳奇故事在最後說到成就者色身升入淨土時，是語帶含糊的。這有可能指的是他們的身體融入光芒之中，因而在消亡時神妙地盤旋而入天際。另一種說法，則可能是隱喻證悟之後的生命狀態，他們在究竟的神祕覺受中到達淨土，而被認為是在那兒與空行母持續共舞，成為空覺大樂的合一體現。

並未到達淨土的成就者，他們或是長生不死，或有極高的壽量，以便留在世間為眾生服務。這些成就者就是納特悉達（Nath siddhas），後來被認為是濕婆教密教（Saivite Tantra，印度教的支派）中大哈達瑜伽的傳承始祖。數百萬當代的印度教徒都相信，他們至今仍然活著，而且很有可能會直接指示尋求者前往喜馬拉雅的庫馬盎（Kumaon）或加瓦爾（Garhwal）地區，去找郭拉薩（Goraksa）、高朗吉巴（Caurangipa），以及其他被認為仍然在僻遠洞穴中修行的仙人。

密續的傳奇

這些傳奇故事傳遞了八至十二世紀的印度風情，以及無數劫的印度精神。但是故事的內在核心卻有超越文化、地域與種族的普世情懷與運用。在每一種文化的神祕主義中都能找到密法的面向，而密續作為神祕主義的外在形式（在神祕主義能夠被合理解釋的範圍內）則觸動了現代西方社會敏感的心弦。

在密續成就者所傳遞的訊息當中，最容易爲西方神祕心靈所感受的，是對物質主義心態、社會上和專業上的惡性競爭，以及沈悶的重複例行公事所表達的強烈反感。準備接受灌頂的人，可能飽受焦慮折磨，或瀕臨心理崩潰，或正考慮接受心理分析或治療。他們的心靈應該已擺脫了情緒及概念的限制，因爲這些限制會妨害他們信任所謂不合理的行爲以及信賴上師。他們應該夠聰明能掌握簡單的抽象概念，並且有充分的自律能靜坐思惟。如果他們對性的神聖一無所知，至少應該沒有過分拘謹或好色的心態。如果他們恰好又蔑視迂腐的學究風氣，對智識分析有著合宜的不尊重，並且有些不屑於世俗權力、制度規矩、社會習俗，以及神聖不可侵犯的事物，那麼他們就充分準備好要接受灌頂而進入成就者的道途了。

西方心靈深受理性和科學教育所塑造，他們在密續道途上最大的障礙來自對邏輯哲學「排中律」（the law of the excluded middle，「p或非p」）❹的執著。雖然這種對任何問題堅持明確的肯定或否定答案的法則在科技界可能有巨大的實用意義，但對於直覺認知來說，卻是根本性的障礙。唯有當這種思惟模式被另一種視野所統御，當現實不再被體驗爲非此即彼、此消彼長，或此與彼的結合，或此消且彼消，才可能趨近大手印成就。事實上，眞實的實相正是被排除的中道。

雖然西方人可能擁有必要的納受性、態度，以及經驗，但是他們仍然必須找到一位上師。聖者菩薩或空行母可能吉祥地示現在眼前。然而，除非內心已經完成大量的前行功課，除非與該位神聖的代表者建立起非常穩固的師徒關係，否則從這源頭所領受的教授，就只會是極爲簡單明瞭的內涵。

如今，成就者傳承的主要持有者是西藏的上師。由於赤色中國入侵西藏，以及出於隨處安家落戶的需要，他們目前正於全世界熱情友好的國家中尋求庇護，這是我們的福氣。

西藏教派中保存了成就者的精神，並且傳遞了未曾損壞但稍加修正的教學傳統，譬如噶舉派。西藏經典的《密勒日巴證道歌》（*The Songs of Milarepa*）就屬於這個教派。書中具體呈現由密勒日巴和他的上師馬爾巴所詮釋的成就者法教，馬爾巴則是在十一世紀從那洛巴領受教授。

今日在西方的西藏上師，有些是從已故的大寶法王嘉華噶瑪巴法脈領受了密勒日巴的傳承。薩迦派特別傳續了成就者毘盧巴的大手印教法，寧瑪派的教義則立基於大成就者蓮花生大

❹認為在互相矛盾的兩個命題中，必然其一為真而另一為否。

士的教授。幾乎所有源於印度的西藏法脈中，都找得到這八十四大成就者其中一位的名號。

西藏傳統的特色是多數不願質疑印度的教義和既成的價值觀，因此只有寥寥可數的密續和成就者的法教沒有關係，而且教義的精髓與修法基本上都維持不變。主要的難處在於，雖然西藏上師會開示成就法，但他們卻很少即興為沒有受過正式訓練的西方追隨者灌頂傳戒，多數都堅持要經過小乘與大乘的佛法戒律，以及密續的前行禪修，而這是一段漫長的準備時期。

然而，成就者的傳統依然十分活躍，下一代的西方無疑將享用這些西藏上師的努力成果。既然種子、能力、發心，都已隨著善緣而出現，於近代西方綻放的密續傳統中，肯定會有無數的歐美成就者如雨後春筍般冒出。

凱斯・道曼（Keith Dowman）

一九八九年五月

大成就者

01 米那巴（Minapa）

孟加拉的約拿

吾名漁夫米那巴。
身墜命運大洋底，
巨獸腹裡僥倖存，
專修瑜伽鄔瑪備。
爾後吾成之卓越，
硬岩不能承其重。

我叫米那巴，頑固的漁夫。
當墜入自身命運的大海時，
我在神聖的海中巨獸腹中倖免於難，
靠的是修持本來要傳予女神鄔瑪的瑜伽。
此後，就算是堅硬的岩石
也無法承載我所達卓越的重量。

米那巴是位漁夫。日復一日，他把肉餌掛在魚鉤上，拋出棉釣線，在孟加拉灣外的一艘小船上捕魚爲生。

在一個晴朗安靜的日子，米那巴一如往常地拋出誘餌並靜待魚兒上鉤，突然，釣線被猛然一扯，力道之大使他整個人栽進了海裡，並被海怪一口吞下了肚。然而由於善業和出奇的好運，漁夫倖免於難地在大魚的腹中安住了下來。

同一時間，大自在天神（Siva Mahadeva）的妻子女神鄔瑪（Umadevi），正日以繼夜地纏著丈夫，要他將最深奧的教法傳授給她，否則將令他永無寧日。

可是截至目前爲止，此密法僅能獨自修持，唯恐落入非器之耳，大自在天雖然答應了妻子的請求，但也有一個條件，那就是此法只能在海底的最深處傳授。

女神鄔瑪非常高興，立即著手建造一座海底小屋，用最精緻聖潔的貝殼建構，並在周圍裝飾了珍珠和珍貴的珊瑚。小屋蓋在長著罕見細緻海草和海花的園林中，她邀請各類繽紛的魚兒一起來分享這座即將用來進行閉關的小屋。大自在天一見之下，立刻宣佈此爲合宜之地並開始傳法。

這時，海怪被數量可觀又秀色可餐的魚群吸引前來，也在附近住下。大自在天低沈如銀鈴的珍貴話語輕易地穿透了小屋的貝殼牆，並傳入了大魚怪的身體裡。大自在天渾然不知他已獲得一名全神貫注的忠誠弟子。

可惜，如願以償的女神並不專心，在海底洋流溫柔之波動以及纖長海草催眠般之搖擺下，昏昏欲睡的她不久便睡著了。當大自在天詢問她是否有注意聽時，回答「當然有」的，實際上是米那巴的聲音。

大自在天傳法結束後，那片靜默讓女神鄔瑪驚醒過來；爲了掩飾自己的過失，她說：「太引人入勝了，陛下，請您繼續。」

「我剛剛告訴妳，我講完了！」他尖銳地說。

「我方才可能打了一會兒盹。」她不好意思地承認。

「那麼，當我問妳『有沒有在注意聽』的時候，是誰回答我『當然有』？」

「是我！」從大海深處傳來一個很小的聲音。

具有天眼通的大自在天立刻發現海怪腹中的米那巴。他大聲說道：「哈！現在我知道誰才是我眞正的徒弟了。我會給住在魚腹中的人灌頂，而不是妳，親愛的。」

於是，米那巴接受三昧耶誓言，開始長達十二年的修行，這段期間都未曾離開魚怪的腹中。在修法接近尾聲時，海怪被來自斯里塔巴里（Sri Tapari）的勤奮漁夫所網獲。漁夫認定奇重的海怪一定吞了大量的金銀財寶，於是費勁地將魚腹剖開。出現的寶藏竟是米那巴。

可憐的漁夫嚇壞了：「你是誰？」當漁夫看到魚腹中竟然出現一個人時，嚇得整個人倒退並差一點摔倒。

米那巴對群集的人講出整個過程的始末。當他提到過去在他尚可見天日之時的在位國王名稱時，群眾無不瞠目結舌，因爲他在大魚的腹中住了長達十二年之久。

因此眾人稱他爲米那巴，即「魚成就者」，並在他足下頂禮。他們恭敬供養他，然後在沙灘上擺下宴席。

此時，米那巴的兩隻腿彷彿有自己的意志一般，在迸發的狂喜中跳起舞來，雙腳踩著岩礁就好似踩進暖陽下的奶油般，而且深陷岩石之中。直到今天，堅硬的岩石上仍然可以看到這位成就者的足印。

米那巴一邊跳舞，一邊對嘖嘖稱奇的群眾唱道：

吾神通源有此二：　　我之妙法源頭有兩重：
福德累積之好運，　　往昔累積福德所生之好運，聞法所生之虔敬。　以及對所聞偉大教法的堅定虔敬心。
何謂珍貴如意寶？　喔，朋友們，如此珍貴的如意寶
吾友此即自心矣。　即是自己的心啊！

米那巴在修道上日有所進，五百年間無私地爲眾生付出。他也被稱作「金剛足」（Vajrapada），或阿欽達巴（Acintapa），而他的神妙能力不斷倍增。最後，當一切應當成辦之事悉皆成辦時，他以肉身飛升而入於空行淨土。

02

盧意巴（Luipa）

食魚腸的人

野狗鼻上抹蜂蜜，
狗瘋吞噬眼所見。
上師密祕予俗愚，
其心傳承盡焚毀。

利根者知無生諦，
一瞥上師淨光見，
能摧幻相如瘋象，
象鼻揮劍衝敵營。

把蜂蜜抹在野狗的鼻子上，
牠會瘋狂地把眼前所見的東西都吞下。
把上師的祕密交給世俗的愚夫，
他的心與該傳承都會焚毀。

對於了知無生實相的利根者來說，
只要瞥見上師對淨光的見地，
就會像一頭瘋象般摧滅幻相，
以象鼻揮著劍，狂暴地橫衝敵軍陣營。

當斯里蘭卡的老國王過世時，朝廷的占星家為了全國人民的福祉，宣告要由他的次子繼位統治。但年輕的王子不屑繼承王位，並視宮中的財寶如同敝屣。對於皇宮的浮華奢侈，他只有厭惡可言。

一心只想當瑜伽士的他，決心找機會逃走。但因所有人都認得他的臉孔，所以他才剛跑到御花園就被兄弟及群臣們逮住，並用黃金鍊條加以捆綁。第二天晚上，他以金銀買通守衛之後，喬裝成乞丐的模樣，帶著一名僕人，成功地逃出皇宮。當他們離首都已有一段距離後，他慷慨地犒賞了忠實的僕人，然後朝拉梅斯瓦拉姆（Ramesvaram）出發，在那兒開始過著瑜伽士的生活。

他以黃金寶座換得一張鹿皮，用一堆塵土取代皇家的絲綢軟床。由於相貌莊嚴且富有魅力，他很容易就乞討到一日所需；無論走到哪裡，他的細緻與儒雅都引來讚歎的目光。

瑜伽士遊歷印度各地，最後來到釋迦牟尼佛證道的金剛座，並在那裡成為空行母的追隨者，眾空行母則以女性的智慧洞見來教導他。之後，他遊歷到恆河邊上的皇城巴連弗邑（Pataliputra），在那兒研習密乘的法教，白日靠乞討為生，夜晚則睡在墳場。

有一天，當他在市集乞討時，由於業力的感召而進入一間酒館，那間酒館碰巧也是妓院。

業緣使得他遇到一位實際上是空行母化身的妓女。他一眼即認出她來，並且向她禮拜。空行母默然無語，只是深深地凝視他的內心。一段時間之後，她說：「你的四個脈輪和氣息都很清淨。唯獨心輪中尚有一粒豌豆大小的傲慢脈結。」說著，便往他的碗裡倒了一些餿食，然後打發他上路。

瑜伽士一踏出妓院，便把食物倒進水溝裡，這時一直在觀察他的空行母大聲嘲諷道：「如果你還揀擇食物的優劣，如何能獲證涅槃？」

瑜伽士感到很羞愧，他想著：是否自己出於皇家的那顆批判、挑剔的心，仍然以細微的方式活躍著？自己是否有可能依舊認爲，某些東西原本就比其他東西更令人渴望？而如此的瑕疵，將造成他邁向成佛之道的障礙。

於是他痛下決心，要摧毀自己的偏見並從根本淨化思惟的模式。接下來的十二年，他住在恆河岸邊，向清洗漁獲的漁夫乞討他們原本要扔給狗吃的內臟，因此漁夫們叫他盧意巴，即「食魚腸者」。但這位本是貴族的瑜伽士卻因了證所有的物質自性皆空，而能將他的食物視爲清淨覺性的甘露。

盧意巴的聲名逐漸遠播，他的事蹟也可見於達利噶巴（Darikapa）的傳奇中。

03 毘盧巴（Virupa）

空行之師

吾此居於任運實相者，
「莊嚴象徵」為所依。
吾此居於諸法如是者，
無我、無思、亦無得。
因具本覺而離斷見坑，
究竟斷執而離常見天。
住無上淨樂圓滿覺性。

我，居住在任運實相之中的人，
所依止的是「莊嚴之象徵」。
我，存在於事物本貌之中的人，
無自我，無思慮，沒有要達成什麼。
藉由本然覺性而脫離「斷見」之坑，
藉由究竟斷執而脫離「常見」之天。
我居住於無上淨樂與圓滿覺性之中。

毘盧巴這位空行母的大師，出生在特里普拉邦（Tripura）東部的孟加拉，時值德瓦帕拉國

王（King Devapala）統治時期。當他還小的時候，就進入著名的索瑪布里（Somapuri）佛教僧侶大學學習。他在那兒與上千虔誠的僧人致力於聞思修，並接受金剛亥母（Vajra Varahi，the Sow-Faced One）灌頂。

他精勤不懈地在十二年間持誦了兩次千萬遍的金剛亥母咒。但是，連一個顯示修行進步的吉祥夢兆也沒有。

最後，毘盧巴對自己以及顯然無用的修行產生厭惡，於是把念珠扔到茅房裡。到了晚上要作功課時，他手上理所當然不會有念珠可用。突然，金剛亥母在光燦的異象中顯現在他面前，還遞給他一串雕工精美的念珠，說道：

「快樂之法子，你為何如此苦惱？繼續修持吧，你有我的加持，將能看清事情非此亦非彼，你必須放棄紛亂的批判念頭。剝除你內心的幻相！」

毘盧巴深受鼓舞，於是重新修持金剛亥母法十二年，終於證得大手印的最高境界。

在他獲得超越生死二元的能力之後，對於吃肉、喝酒已不覺得有何不妥，儘管這與他所受的戒律相違。有一天，他告訴侍者自己想要吃鴿肉餅，他們便在寺院的屋簷下捉了幾隻鴿子，將其擰斷脖子並料理上桌。

然而，寺院裡有位年長的僧人發現鴿子不見了；他大喊：「哪個膽大包天的人敢吃了鴿子？給我站出來！」並敲鐘召集大眾。

「我們當中應該不會有人做出如此可惡的事情吧？」僧人們驚愕之餘而私下交頭接耳。於是住持下令逐區一一搜索，沒多久，他們來到毘盧巴的寮房，只見他坐在桌前，滿心歡喜地期待著鴿肉與美酒。僧眾在盛怒之下清空他的寮房，並將他逐出寺院。

毘盧巴脫下僧袍，連同他的缽一起放在供奉了二十五年的佛像前，然後恭敬頂禮，隨後就從寺院大門離開。

看門人問道：「您要去哪兒？」

「他們說我不屬於這裡了。所以，我將遵循他們所提供的道路。」

索瑪布里所有的僧人都聚集在大門口，看著毘盧巴朝毗鄰寺院的蓮花湖走去。

到了湖邊，毘盧巴先用腳試探了一片荷葉，葉子並沒有因爲他的重量下沈。於是，他口唸佛號，輕踏荷葉，一片接著一片走去，奇蹟般地到達了對岸。

索瑪布里的僧眾看著他的驚人之舉，心臟都快要從口中跳出來了。他們懊悔不已，紛紛朝毘盧巴頂禮，謙卑虔敬地祈求他回去。

他們懇求：「請您解釋爲什麼要殺了我們的鴿子？」

大師回答：「那只是個幻相，如同所有暫時的現象一樣。」並吩咐他的侍者將一些鴿翅膀的肉屑帶來，他手上拿著幾根羽毛和骨頭，將其高高舉起；忽然一彈指，鴿子全都活了過來，自在地飛向高空，甚至比以前還要美麗。

之後毘盧巴毅然地離開寺院，開始瑜伽士的生活。所到之處，見證者無不肅然起敬，四處傳講著他奇蹟般的作爲。

毘盧巴最早的神蹟之一，地點發生在恆河岸邊，當時他因爲已經跋涉良久，便祈求恆河女神給他一點食物，但卻受到拒絕。於是毘盧巴命令河水分開，然後步行到對岸。

當他抵達康納沙塔（Kanasata）小鎭時，人已經餓壞了。他走進一家酒館，點了一壺酒和一盤飯，狼吞虎嚥地一掃而空。然後他大聲嚷著還要酒，一次又一次地直到酒館所有的酒都被他喝光了。心懷疑慮的酒館老闆娘請他結帳時，毘盧巴將天上的太陽作爲抵押；爲了保證他會履行承諾，他從袍子裡拿出普巴杵，然後把那隻神奇的匕首擲向空中，匕首正好落在白日與黑暗中間，還把晨星釘住，使它無法繼續照軌道行進。

接下來的兩天半，康納沙塔鎭遭受到持續的永晝以及頑強的酷熱之災。田裡的作物枯萎，連河流也開始從河岸邊縮小了範圍。毘盧巴繼續喝著酒，喝掉了足足有五百頭大象所能承載的酒量。

事情到了這種地步，連國王都一籌莫展。在還不知道有毘盧巴這號人物的情況下，國王命令內閣找出這刺眼日照何以會無休無止的原因所在，但是大臣們的調查卻毫無結果。最後，太陽女神親自托夢給國王，說是有位成就者因爲賒欠了酒館某個女人的錢，而這筆債把她拘禁在國王頭上的天空中。爲了解除災難，國王不得不付清欠款。就在那時，毘盧巴消失了蹤影，太陽又再度跨越整個天空。

之後，毘盧巴遊歷到了因陀羅國（Indra），這是個由極度虔誠的婆羅門所統治之國。他們造了一座巨大的大自在天神像，整體的立姿有六百八十英尺（約爲二〇七公尺）高。神廟的看守堅持毘盧巴必須向神像頂禮。

「哪有哥哥向弟弟鞠躬的？」大師嗤之以鼻。此時，因陀羅王正好前來供養神像，聽見此語，就對毘盧巴下了最後通牒，說道：「鞠躬，否則就得死！」

「我如果向這位天神鞠躬，那反而有罪。」毘盧巴堅持不允。「那麼，這罪由我來擔！」國王說。

當毘盧巴雙手合十致敬時，巨大的石像裂成兩半，傳來一個震撼天宮的聲音：「我聽從您的命令！」

毘盧巴下令：「那就宣誓效忠佛陀！」

「我遵命奉行！」隨著那如吼的聲音，裂開的神像也奇蹟般地復原了。

原本大自在天神腳下堆積如山的豐盛供品，如今轉而供養毘盧巴。他召集所有佛陀的追隨者，把供品平均分配給每個人。這份豐厚的收穫讓人們撐過許多年的飢荒、水災和瘟疫。

毘盧巴繼續遊歷四方，最後來到東印度的德瓦科達（Devikotta）。當時他並不知道，當地的人已經全部變成吃人肉的食屍鬼。

一早，在進城托缽的路上，毘盧巴碰到一位頗具姿色的婦女，聲稱毘盧巴如果可以跟她一起回家的話，願意供養他滿滿一缽的食物。他以爲女子的家就在附近，便隨她轉向而離開了大路。但是女子越走越遠，被植物覆蓋的小徑越來越窄，毘盧巴逐漸感到不安，他大聲問女子是否快到目的地了？

女子大聲說：「你離旅途的終點很近了！」然後轉身用血紅的雙眼釘住他。在她的魔咒下，毘盧巴連一根指頭也動彈不得，這時，一群兇惡的食屍鬼無聲無息地從森林的陰影中現形，將他抬往一座廢棄的寺廟。

毘盧巴被關在頹垣的建物中，裡面還關了一位年輕的婆羅門男孩，也同樣在早上覓食的途中遇上那位迷人的女子；如今他和毘盧巴即將成爲某種恐怖祭祀的犧牲者。他們能聽見外頭食屍鬼令人毛骨悚然的叫囂與狂野的鼓聲，他們正旋轉身體，跳著死亡之舞。

男孩開始啜泣，毘盧巴安慰他，叫他安心地睡，保證天亮的時候一切都會沒事。當男孩噙著淚水進入夢鄉時，毘盧巴以強而有力的保護咒加持他。

日出之時，兩個壯碩的羅刹前來要提拿稚嫩的犧牲品，但卻無論如何都無法移動沈睡中的男孩；他在地上好像生根似的。瑜伽士則睡在一張木板上，兩個羅刹好不容易舉起木板，把他抬到舞者們所圍成的圓圈中。

毘盧巴被鼓聲吵醒，但仍然動彈不得，只能任由他們往身上倒酒，並且眼睜睜地看著喝醉的食屍鬼陷入狂熱，揮舞著祭祀之刀準備大開殺戒。

然而就在他們嗜血而狂的尖叫聲到達最高潮時，毘盧巴也忍不住大笑起來。舞者驚訝之餘也覺得有趣，於是笑得更大聲了；但是，當他駭人的十二音階怒吼——嘿汝嘎的笑聲——開始壓過他們地獄般的喧鬧時，歡樂很快變成了恐怖。他的嚎叫越來越大聲，食屍鬼痛苦不堪地用手摀住耳朵。他們哀求地請他停止，毘盧巴告訴他們，唯一的辦法就是要發誓轉而護持佛法；當他震耳欲聾的笑聲再度響起時，食屍鬼匍伏在地，向他磕頭，發誓遵命照辦。

此時毘盧巴起身，右手彷彿變魔術般，拿出一支鋒利無比的匕首，身後則站著可怕的北方之魔，如塔一般聳立。大師詭譎地微笑說道：「若你們生起一絲想要毀壞對佛誓言的念頭，那麼，每個遠離修道的日子，等著你們的就是鮮血將從你們的身上流下，一天盈滿一杯之量。如果你們膽敢悖離佛教且轉而供奉其他的神祇，這隻匕首將會從天而降，斬斷你們的頭顱，北方之魔也會將你們的血完全吸乾。」

後悔莫及的食屍鬼撲倒在毘盧巴的腳前向他頂禮。大師奮力一揮，匕首順勢嵌入夜空，北魔也隨逐匕首而去，然後二者都化爲閃爍發光的星宿。

毘盧巴則繼續他的旅程，幾乎縱橫整個印度。若干年之後，當他再回德瓦科達時，當地已經變成一座寧靜祥和的小城，到處住著虔誠的佛教徒。爲了慶祝毘盧巴的歸來，大自在天以及他的王后鄔瑪女神，設計了一場幻相奇觀向瑜伽士致敬。

毘盧巴站在路上查勘小城時，小城從兩倍、三倍不斷地一路擴張，直到變成有五十萬住戶的宏偉大城。人們從家中湧出，帶著供養前來歡迎毘盧巴，同一時間，從欲界三十三天以及其他天神所住的宮殿，源源不絕地流注著最精緻的珍饈，以成辦這場盛大的慶祝。

不過，偉大的空行之師一直到他七百歲時才獲得究竟的解脫。當偉大的匕首越過蒼穹之際，毘盧巴的利生事業終於圓滿，他飛升而入於空行淨土❶。

譯註：

❶毘魯巴根據《喜金剛續》所撰寫的《道果金剛句偈》、《續典攝義論》等，後來成為薩迦派不共道果教授的法源。

04 東比巴（Dombipa）

騎老虎的人

賢者點金石，
哲學家的石頭
賤鐵變黃金。
能將基底金屬轉變成黃金。
大寶之內心，
在「偉大之珍寶」的心中，
轉貪為淨覺。
貪愛則轉爲了清淨的覺性。

東比巴是馬加達的國王，在他年輕的時候，就已接受上師毘盧巴的喜金剛禪修儀軌灌頂；這個修法使他獲得許多神妙的力量，但是他將之隱而不顯。

他是統治者當中最開明的一位，並且視人民如獨子般地愛護，儘管如此，他的子民從來都不曾懷疑他在修持密法。他們只知道國王是個誠實的人，對待子民一視同仁。

但是馬加達其實非常需要修持密法的國王，因爲他們已經好幾代都承受惡業的拖累，長年遭受無止盡的戰爭、貧窮、犯罪、飢荒與瘟疫的蹂躪而痛苦不堪。國王渴望將人民從這種命運中解脫出來，他費盡心思地想要找到最好的辦法。最後，他下令鑄造一座巨大的銅鐘，因爲他知道鐘聲具有驅魔的功效，並且能令聽聞者的內心得到淨化。

國王以盛大的儀式，將巨鐘掛在皇城中央一棵老樹最強壯的樹枝上。國王在所有人民面前指示宰相：「不管什麼時候，只要你看到任何危險、貧困或疾病，就必須使勁地敲響這口鐘。」

宰相忠誠地遵循國王的命令。每當扣人心弦的鐘聲迴響於空氣當中，籠罩在王國上方的業力之雲就越來越消散。直到有一天，整個馬加達王國以及居住其中的每一顆心，都被澄淨的振動所淨化；大地顯得一片祥和、繁榮、健康與歡樂。

多年以後，一個賤民階級的吟遊詩人樂團來到皇城。國王派人召請他們前來宮中爲他獻舞。整場表演節目中，國王的眼睛始終離不開其中一位有著脫俗純潔與不凡魅力的年輕女演員；她有著雪白的肌膚、古典的輪廓與無邪的氣質。這位十二歲的童女尚未被塵俗所染污，她具備所有蓮花之子（padmini）的條件❶，國王當下打定主意要讓她成爲他的明妃。

國王得知她是主樂師的女兒，便召喚樂師來到面前。但是，當國王向樂師提出要求時，樂師滿臉錯愕、不可置信地看著國王。好不容易當他的舌頭不再打結了，樂師回答：「您是馬加達的偉大國王，統治八十萬戶人家。我們是賤民階級的不幸之人，我們和您的種姓是不允許結合的。您豈可提出這個想法？」

然而國王卻下令稱量女孩的體重。樂師站在一旁啞口無言，看著宰相計算她的體重之後給予他等重的黃金。

接下來的幾年，他們瞞著眾人進行神祕的結合。到了第十二年時，窺視的眼睛和閒言閒語讓事情曝光了，國王納賤民女子爲妻的謠言，像野火般地蔓延開來。皇室的醜聞讓整個王國停擺。雖然這麼多年來，國王都以公正和仁慈統領國家，子民卻拒絕容忍他如此明目張膽地踰越古老的種姓制度；他們堅持要他退位。

國王將王國託付給兒子和忠誠的大臣，帶著妻子消失在叢林裡。在一處周遭有果樹圍繞和

譯註：

❶ padmini 的意思可能是指她坐在蓮花上，但也可指拉希米（Lakshmi），別名豐盛女神或蓮花女神，她是印度教大神毗濕奴（Vishnu）的妻子，也是印度教中最重要的三位女神之一，象徵財富、美麗、幸福等。根據另一個傳說，拉希米於宇宙的創造中出現，漂浮在水面蓮花的花瓣上，這也是蓮花之子條件難得與殊勝的原因之一。

小動物出沒，且如田園詩歌般的僻靜之處，他們安住於孤寂的喜悅中。在不受干擾的情況下，他們全心投入修持密法，如此又過了十二年。

然而，少了國王的清明與智慧，馬加達國一切並不平靜，苦日子又回來了。巨鐘裂了，戰爭、瘟疫與飢荒再度蹂躪這片土地。絕望之餘，年輕的國王下令召開會議，決定延請老國王回來統治，於是皇室立刻派遣一隊代表團進入叢林中尋覓他的蹤跡。

他們四處尋找了好幾個星期，深入到甚至記憶中未曾開發的叢林偏遠地區；但是仍一無所獲。

有一天，大夥在失落又沮喪的情況下，準備打道回府時，隊中最年輕的一位成員注意到有不尋常的現象——巨大的沈默籠罩著森林，沒有鳥兒唱歌，也沒有沙沙的樹葉聲。整個世界完全靜止。

在遠處，隱約能辨識出有微弱的光影。他們悄悄地朝那方向移動，最後終於見到坐在湖邊樹下正入於甚深禪定中的國王。而他的妻子正輕巧地踩著浮在水面的蓮葉，走到湖的中央。她優雅地彎下腰，把手浸到湖水中，泡沫冒出水面，從十五英尋（九十英尺，約二十七點五公尺）的驚人深處升起一道微微發光的甘露噴泉。她合手捧著神聖甘露，轉身穿過蓮葉，將甘露供養她的主人。

敬畏之餘，代表團員不敢侵犯這份尊貴的寂靜。他們迅速地回到城裡報告親眼所見的事情，於是皇室改派另一隊人馬去求見國王。他們帶著全國各地的訊息、祈求以及禱告，懇求他回去。

國王在隱居處接見這些使者。他們所講述的悲慘故事，深深地牽動著國王的心，他答應回去幫助他苦難的子民，並告訴他們兩週以後相見。

當他回去的那天，成千上萬的人排列在前往皇宮的路上。他們震驚地看到國王手中揮舞著毒蛇為鞭，和妻子騎在一頭懷孕的母老虎背上，從朦朧的叢林中出現。萬分恐懼的人民跪在地上，乞求國王再度統治國家。

「我怎麼可能照你們的要求去做呢？」國王講出理由。「你們因為我娶了賤民為妻，喪失種姓而將我驅逐；我現在是沒有種姓的人，我無法統治你們。」當他們開始哀嘆殘酷的命運時，國王心生憐愍，說道：「死亡會終結一切的分別，你們必須將我倆一起火葬。當我們重生時，便不會再受到責難了。」

他們用國內最上等的珍貴木材牛頭旃檀，架起一座極大的柴堆。國王和王后沒有絲毫的猶豫，安祥地站在薪柴堆上，木頭就此點燃了。

往後的七天，空中瀰漫著香氣，而夜晚的火光將天空照得像白天一樣。到了第八天，大火突然神祕地消失了。人們靠近一看，驚奇地發現在灰燼上方的虛空中，盤旋著一朵蓮花形狀且閃閃發亮的露珠之雲。在這朵神奇之花的心中，坐著顯現本尊喜金剛相的國王與明妃雙運大樂的合一之相。

此時，馬加達人民心中最後的一絲懷疑完全消失了。他們稱國王為「東比巴」，意思是「東比的主人」，而東比是指他的賤民王后。

國王從蓮花雲中出現，他對大臣以及四類種姓的人民說：「如果你們能夠從內心深處效法我所做的一切，我就留下來統治。」

驚呆了的大眾抗議道：「我們又不是瑜伽士。你怎能要求我們放棄家庭、親人、生活方式？你怎能要求我們變成賤民？」

國王深深嘆了一口氣：「政治權力絲毫無用，但使用它的報應卻何其之大；手握權柄的人鮮行小善，卻經常造下大惡。」

說著說著，他的外形逐漸變得透明，沒有實質。最後他說：「眞理的國土才是我的國土。」言畢，他融入圓滿的覺性與淨樂之中，永遠安住於空行淨土。

05 薩惹哈（Saraha）

偉大的婆羅門

勿忘本有之究竟，
僅於上師唇間求。
當知師語究竟性，
令身不老心無死。

永遠勿忘「薩哈嘉」❶，那是本有之究竟，
但只能從上師的唇間求取。
要了解，上師言語的究竟自性
是爲了讓色身不老且自心不死。

婆羅門薩惹哈是空行母的兒子，出生在東印度羅吉尼大城（Rajni）的若里地區（Roli）。薩惹哈本身是勇父（daka），擁有很多神妙的力量；他白天持婆羅門戒律，晚上則接受多位佛教

譯註：

❶薩哈嘉（梵文 sahaja）原意為「同時生起」（俱生）或「本來、自然就一起出生」。

上師的密續教導。

不過，薩惹哈喜歡喝酒，而這是婆羅門律法所禁止的。這件事終究被其他婆羅門發現了，他們對此感到非常憤怒。

於是他們派代表去見羅納帕拉國王（King Ratnapala），請求剝奪他的種姓。

「偉大的國王，您有責任維護宗教的清淨，這位領導一萬五千戶人家的領主薩惹哈，因飲酒使婆羅門種姓蒙羞，我們懇請您將他放逐。」清淨的教徒們如此堅持。

但國王是個明理的人，他決定親自調查這件事，於是私下拜訪薩惹哈。當他責備這位惡人怎能喝酒時，薩惹哈說：「我沒有喝酒。如果您懷疑我，召集婆羅門和所有人民，我會證明給他們看。」

薩惹哈在眾人面前，宣佈將證明自己的無辜。他聲稱：「如果我有罪，我的手會被燒到見骨。」接著他把手放入一桶沸油中。在所有人的驚愕之下，幾分鐘後，他把手拿出來，絲毫未損。

國王轉向婆羅門說：「我相信他的清白，你們滿意了嗎？」

「這個騙子喝酒！」他們喊道。

此時薩惹哈又叫人送上一碗熔銅。他大聲說：「如果我有罪，就讓我的嘴及喉嚨都被燒爛。」

然後他將冒著煙的銅汁一飲而盡。當他張大嘴來，群眾可以清楚地看見嘴裡健康的粉紅色。

可是婆羅門喊道：「夠了，這些都是騙人的把戲！我們知道他有喝酒！」

然後薩惹哈引領群眾到一個巨大的蓄水潭前。薩惹哈語帶挑釁地說：「讓自認清淨的人和我一起跳入水潭，沈下去的就是撒謊的人。」

一個狂熱的婆羅門用肩膀爲自己開路，自告奮勇要接受試驗。於是兩人都跳入水潭，而婆羅門迅速沈到了底部。

「現在還有誰敢指控我喝酒？」濕淋淋的薩惹哈大聲地喊。

「如果還有一絲懷疑，那就秤秤我們兩人的重量，輕的那個人有罪。」大眾一片驚呼，因爲那位婆羅門有兩個薩惹哈那麼大。但是當兩個人分別秤重時，磅秤顯示薩惹哈要重得許多。

就在這時，國王介入了。他指著薩惹哈，宣佈：「如果這位可敬的人士喝酒，但願他就這樣一直喝下去。」然後國王向薩惹哈頂禮，跟著照做的還有在場所有的婆羅門和聚集群眾。

薩惹哈接著唱起了三首道歌：一首送給國王，一首送給王后，一首送給人民。在領受薩惹哈的教授之後，婆羅門放棄他們傳統的修行，進入佛道。一時之間，國王、王后以及整個宮廷都已得證。薩惹哈所唱的歌逐漸成爲遠近馳名的「金剛歌三部」❷，獲得了極大的名聲。

至於薩惹哈自己，他納一位十五歲的女孩爲妻，搬到遙遠的地方。女孩出外乞討，薩惹哈則在僻靜處繼續修行成就法。

有一天他請妻子煮蘿蔔咖哩當晚餐。當她細心地用水牛酸奶準備料理時，他開始禪修。那一日他整夜入定，接著是第二天整天，接著又是一整天。他就這樣保持在定中十二年。

不過，當他出定的那一刻，便大聲咆哮道：「我的蘿蔔咖哩呢？」

「你入定了十二年，開口第一句話就是要蘿蔔咖哩？」他的空行母妻子驚訝地問。

薩惹哈被責備之後，決定到山上的小屋繼續如理禪修。

「如果你出定後仍對蘿蔔咖哩念念不忘，你認爲入山修行會有什麼好處呢？」他的妻子問道。她規勸道：「最清淨的閉關是能脫離既有的成見與偏見，脫離因狹隘、僵化的心所產生的標籤與概念。」

薩惹哈專心傾聽空行上師的智慧之語，並且開始全心全意地專一摒除內心的概念性想法，以及視對境爲實有的信念。過了一段時日，他開始體驗一切事物的本初清淨，最終因利益無量眾生而獲得成就。到了命終的那一天，薩惹哈和妻子飛升而入於空行淨土的大樂中。

❷分為「國王之歌」、「王后之歌」、「庶民之歌」三部分，各有上百首偈頌，中譯和講解可見於堪千慈囊仁波切的《薩惹哈道歌》釋論。

06

黎拉巴（Lilapa）

皇室的享樂者

皇家雪獅瑜伽王，
四無量心堅不移。
綠鬃毛之五股辮，
乃佛覺性五重徽。
獅爪撕裂牛骨肉，
如瑜伽士十波羅蜜多，
能斷斷諸惡業力。
黎拉巴依此了悟，
贏得恆久之解脫。

君臨天下的瑜伽之王皇家雪獅，
於四無量次第的修持堅定不移。
其身上綠色鬃毛的五股辮，
乃是佛陀覺性的五重徽章。
其獅爪撕下牛骨之上的肉，
如瑜伽士的十波羅蜜多
切斷惡業力。
黎拉巴以此了悟
贏得了恆久的自由。

從前，在南印度有位享樂至上的國王，他重視自己的娛樂及珍寶勝過一切。但是，國王也同樣享受智性的對談，於是不時地會邀請訪客到宮殿來。而他在宮中都會身著華服，橫臥在獅子寶座上。

有一天，一位智慧的瑜伽士來到宮殿，並受到國王的接見。國王見他衣衫襤褸、形色憔悴，不禁充滿憐憫。

「你在如此不堪的狀態下四處流浪漂泊，日子一定過得很糟。」他說。

瑜伽士回答：「我沒什麼好抱怨的，可憐的人是你。」

「你怎麼會這樣想？」國王吃驚地表示。

瑜伽士說：「我有眼睛，看得出來你一直都害怕會失去人民的愛戴；更嚴重的是，你害怕失去自己的寶座。而我呢，沒有任何的痛苦，不論是老去的苦，甚至死亡本身，對我都不存在；即使是跳進能熊烈火，或是喝下最致命的毒藥，也安然無恙。」

「怎麼可能呢？」國王驚奇地問。

可敬的瑜伽士回答：「因爲我學會了偉大的煉金術，我擁有長生不死的祕訣。」

瑜伽士的話深深地影響了國王，以致他的信心當場被點燃。他說：「我不能像你一樣雲遊四方，但是如果你能教我如何就在我的皇宮裡、我的寶座上禪修，我會非常感激。祈求你能留下足夠的時間教導我。」然後他謙卑地頂禮懇求。

瑜伽士應允國王的要求，爲他作喜金剛本尊的禪修灌頂。國王學會了不散亂地將注意力集中於右手的寶石戒指上而不動搖。當他修習到一定的程度時，便能在寶石中央見到喜金剛本尊坐在祂的聖眷眾當中；當國王成功地專注於這個觀想境時，他結合了生起、圓滿二次第的禪修，因而任運生起了悟的狀態，也就是心一境性的三摩地。

從此之後，國王不停地禪修，成就了大手印悉地並具足種種神通，而這一切都是當他坐在獅子寶座上，斜倚著絲綢靠墊，周圍有嬪妃大臣圍繞，以及宮廷樂師的表演當中所成辦的。他對感官之樂的享用很快爲他贏來黎拉巴之名，意即「遊戲大師」。儘管如此，他以無私的美妙善行聞名於世，並且最終獲得究竟解脫而進入空行淨土。

黎拉巴的故事告訴我們，當弟子往昔的業力與發心和上師的教授和諧相融時，毋需捨棄此生的欲樂也能得到解脫。

07

沙瓦利巴（Savaripa）

獵人

藏匿未知森林中，
名疏離鹿正等待。
獵人拉緊智慧弦，
善巧方便之弓上，
射出勝義諦之箭——
如是鹿死而念亡。
饗用無二之鹿肉，
其有淨樂豐妙味，
汝將知大手印果。

藏匿在未知的森林中，
名爲疏離之鹿等待著。
獵人拉緊智慧之弦，
在善巧方便的弓上，
射出究竟眞理之箭——
如此讓鹿死而念亡。
當你饗用著無二之鹿肉，
它帶有淨樂的豐富滋味，
你將了知大手印的目標。

在崎嶇的曼扎山脈中，於維卡瑪峰（Vikrama Peak）的斜坡上，住著野蠻的獵人沙瓦利巴。他一直受困於以殺生來活命、投胎又再殺生的惡業循環中，而這也是所有獵人的宿命❶。但是有一天，慈悲的觀世音菩薩注意到他。菩薩心生憐憫，決定拯救沙瓦利巴脫離業力的詛咒。觀世音化身爲獵人，在路上等他。

「你是誰啊？」沙瓦利巴問道，一邊上下打量。

「我是個獵人，和你一樣。」陌生人回答。

「打哪兒來的？」沙瓦利巴狐疑地問。

「很遠的地方啊！」回答者閃爍其詞。

沙瓦利巴決定試試陌生人。「如果只有一支箭，」他質問菩薩：「你能射中多少頭鹿？」

「喔，三百隻左右吧！」菩薩沈著地回答。

沙瓦利巴嗤之以鼻，說道：「我倒想看看你的本事。」

「那就等到明天黎明吧！」菩薩說完，身影逐漸消失於森林中。

譯註：

❶意思是業力很重，要靠殺生來維持生活，但如此的行為又造成來世再度投生為獵人。

第二天早上，沙瓦利巴和菩薩來到路途相當遙遠的一大片平原上尋找鹿。沒多久，他們就遇到約莫五百隻的鹿群，而這些都是菩薩暗中變化出來的。

沙瓦利巴悄聲地問：「你的鹿來了，我看你一箭能射多少隻？」

「五百隻全部射中如何？」他的同伴回答。

沙瓦利巴嘲諷著說：「喔，我想有一百就不錯了。」

菩薩一箭射出，一百隻鹿應聲倒地。然後他請驚訝的獵人幫忙他抬一隻回家。儘管沙瓦利巴孔武有力，但當這位獵人試圖要抬鹿時，胳臂卻開始發抖；他使勁力氣，居然連一條鹿腿也抬不了。此時沙瓦利巴的傲慢心盡除，很不好意思地求菩薩教他弓法，希望能和他一樣厲害。

觀世音答應了，但條件是沙瓦利巴和妻子必須一個月不吃肉。沙瓦利巴答應了。

將近一個禮拜的時候，菩薩又來了，在原來的約定上再加一則條件：如果沙瓦利巴想學箭術，就必須對所有的生命修慈悲觀。沙瓦利巴也同意了。

一個月後，菩薩回來時，沙瓦利巴欣喜地歡迎他。觀世音在獵人木屋的泥地上畫了一個壇城，並且在周圍撒花，問道：「仔細看看我畫的東西，然後告訴我你們看見什麼？」

夫妻倆凝視著那個神奇的圓圈，臉色頓時變得蒼白，驚恐地閉上眼睛。男人和妻子都說不出話來。

「告訴我，你們看見什麼？」菩薩命令道。

「我們在八大地獄中被焚燒著！❷」沙瓦利巴終於含糊地說。

「你們不害怕嗎？」菩薩問。

「喔，怕啊，怕啊！」夫妻倆呼吸急促地說道。

「你們願意做什麼來避免這種事情發生呢？」

「任何事情！」

這時，他們的客人開始解釋佛法的基本教理，沙瓦利巴也逐漸理解為什麼他會被要求不能吃肉，並且對一切生命修持慈悲。他現在明白，殺生只會更強化想殺的欲望，結果就是在社會眼光中成為不名譽及卑劣的人。而這種生命的業果報應就是投生地獄。

菩薩解釋：「如果你縮短他人的性命，可以預期的是，自己的生命也會提早結束；何不乾脆放棄打獵，全心投入於尋求證悟？當殺生的欲望消失之後，你將可開始累積大量的福德和善

❷所指應為八大熱地獄，即等活、黑繩、眾合、號叫、大叫喚、炎熱、大焦熱、阿鼻（無間）等。另有八大寒地獄。

業。」獵人與妻子當下發誓要追隨佛陀之道。

隨著時間推移，菩薩教導這對夫婦善惡業的果報以及何謂十善業，並說明所有不善的行爲何以都無可避免地會有報應；然後，再教他們如何活得喜悅而健康。

沙瓦利巴對過去的生活深切痛悔並且感到厭惡，他退居到丹提山（Danti Mountain），以正確的方法修持禪修，想要脫離隨命運之輪運轉而再次投生的痛苦。接下來的十二年，他安住於無所緣、非造作大悲心的至高無念狀態，因而獲得最殊勝的大手印成就。

昔日的獵人找到他的菩薩上師，尋求進一步的教授。觀世音讚許他的成就，之後詳觀弟子的未來，說道：「俗人啊，你的解脫不該如牧人踩熄草上星火般，只爲求得個人涅槃而扼殺悲心苗芽。相反地，出於悲心之故，爲了那些仍被困在其中的有情，你要繼續留在輪迴中。如此，你將解救無量無邊的眾生。」

沙瓦利巴欣然同意後，回到他自己的國家。爾後他被稱作馬基果謙（Majigochen），也就是「穿雀翎毛的人」，還有里綽貢波（Ritro Gompo），意思是「看守山上小屋的人」。直至今天，他仍然透過歌舞、聲音與符號，教導著有幸能理解他訊息的人，而且會持續如此，直到當來下生彌勒佛開始宣說法教之時。

08 郭拉薩（Goraksa）

無死的牧牛人

無論出身高中低，
徹用生命諸緣境。
應當了悟業之流，
能有助於汝成就。
證悟機遇吾緊抓，
忠誠承事高朗吉——無四肢者，
其後阿欽達賜予——不死甘露，
無二實相遂親見。
吾為三界牧者王。

無論你的出身是高、中、低，
都要利用生命中的種種機緣
到淋漓盡致的地步。
要領悟業力之流正在助你成辦目標。
我抓住了證悟的機會，
忠誠地承事高朗吉這位無四肢者，
之後阿欽達賜予我不死甘露，
我遂能親見無二實相。
如今我已成爲三界牧者之王。

在德瓦帕拉國王的統治時代，東印度地區有位可憐的賣香人，他被迫將兒子郭拉薩外僱做放牛人。雖然生活卑微、簡單，但男孩還蠻享受田園以及動物們溫和的陪伴。

在一個令人慵懶的下午，他躺在高高的草叢中和一些牧牛人聊天，突然有一個巨大的身影出現在他們面前。那是大成就者米那巴，又稱阿欽達巴（Acintapa）❶。上師的手指著遠方並用響亮的聲音問道：「你們有看到在天上盤旋的禿鷹嗎？有個年輕王子遭人算計，手腳都被砍掉，現在正躺在一棵大樹下，隨時都有可能死去。你們有誰願意去照顧他？」

郭拉薩直覺地抓住這個時機，大聲說：「我願意！」然後一躍而起。「但是如果我去照顧他，那你得幫我看牛。」他對米那巴說。

雙方達成協議後，男孩朝禿鷹盤旋的方向跑去。沒多久，他就看到那位遭到斷肢的受害者，命脈之血已滲入樹根中。郭拉薩幫他清洗了傷口，再撕下自己的衣服將它包紮起來。他將王子安頓妥當後，便回去報告米那巴所見與所做的事。

上師問：「你能想辦法給他吃東西嗎？」

譯註：

❶與貪婪的隱士「阿欽達」為不同人。

男孩回答：「好的。僱主早晚都會給我食物和飲料，我會分一半給王子。」

上師誇獎郭拉薩，並且指示如何照顧王子：「他必須要維持生命的四種基本功能：吃、喝、拉、睡，才能活下來。」

牧童回到王子身邊，用大樹的枝葉搭起一座圍籬來保護他。從那天起，郭拉薩每天與王子分享他的食物，還幫他洗澡並清理他的排泄物，盡一切所能，令王子感到安適。

十二年後的一個美麗黃昏，西下的太陽爲逐漸暗淡的天空塗上輝煌的艷紅與金色，郭拉薩一如既往，爲王子帶來晚餐。但是當這位心地單純的牧牛人來到圍籬時，他簡直難以置信。他看到王子用兩條強壯健康的腿站了起來，並伸出兩隻肌肉發達的手臂，這個景象不禁令郭拉薩張大了嘴。

王子當下騰空而起在郭拉薩頭上盤旋，並犀利地說：「你最好把嘴閉上，否則會把蒼蠅吞下去。米那巴教我一種能讓我四肢重生的瑜伽，爲了報答你，我願意教你禪修。」

郭拉薩回答：「感謝您，大人，但不必了。郭拉薩在侍候您的這些年來，我已經有一位上師了，我只是奉行他的教導罷了。」

然後，忠實的牧人走回他的牛群之間。沒多久，米那巴出現在他面前，詢問照顧的情形。

郭拉薩告訴他王子奇蹟式的重生，上師聽了非常高興，並且讚許年輕人的勤奮和忠實；他當場為郭拉薩授戒灌頂，並且詳細教導了他該持守的戒律。

接著郭拉薩到了一處遙遠的地方，按照米那巴的教授進行禪修。當他獲得更多世間層次的覺性了知時，米那巴又一次出現在他面前，說道：「要獲得圓滿的覺醒以及清淨的佛果位，你必須要先讓十億眾生解脫。」

郭拉薩想要服務眾生的心非常熱切，他迫不急待地回到世界並且開始對所有願意停下來聽他說法的人灌頂；因此忽略了應當仔細評估學生是否足夠成熟而能接受教法。

這個作法令大自在天感到相當不悅。當郭拉薩坐在一群受灌者當中時，大自在天出現了，他責備牧牛人並警告：「只能教導那些來到你面前求法的人，永遠不能為缺乏信心或缺乏真正了解的人灌頂。」

此後，郭拉薩只傳法給業力成熟而能領受灌頂的人，但是他依然令成千上萬的人解脫了。直到今天，郭拉薩——意思是「牛群的怙主」，仍然還在傳法。那些內心清淨並且準備受教的人，能夠聽得到他穩定的鼓聲；但是對其他人來說，他則永遠都不可聞、不可見。

09

登底巴（Tantipa）

年老的織工

上師戒律為引導，
串好吾之經緯線，
由五覺性隱微線，
覺受花紋吾編織。

上師教導為紡梭，
圓滿空見為織機，
無盡虛空妙慧戲，
法身布料吾編織。

我以上師的戒律爲導，
串起我的經緯軸，
從不可見的五重覺性之線，
織成覺受的花紋。

我以上師的教授爲梭，
用我圓滿空性見的織布機，
從無止盡之虛空與淨妙慧之遊戲，
織成法身的布料。

從前，在仙多納嘎（Sendhonagar）有位優秀的織工。由於他努力工作，所以生意非常興隆。當孩子夠大而可以接棒時，他便傳授手藝，他們也因天賦及勤勉而致富。到了適婚年齡時，各自找到了門當戶對的對象而成家，漸漸地家族開始興旺。

在織工八十九歲那年，摯愛的妻子過世了。喪妻之痛使他迅速變得蒼老，他很快變得年邁多病且無法自理生活。儘管媳婦們承擔起看護的責任，但是她們經常小題大做並且向丈夫抱怨。

一位說：「客人來的時候，他的愚蠢老是造成尷尬。」

另一位說：「全城的人都在看我們的笑話，我們的名聲都被他給搞壞了。」

又一位說：「他在幫整個家族製造惡業。你想讓你的孩子和孫子們窮得像田裡的老鼠嗎？」

終於，所有的兒子對他們的妻子說：「隨妳們處置吧，只要別再來煩我們就好。」

妯娌們彼此商量，她們不想再看到老人，但也不至於趕他出門。在這之中，有人建議：幫老人在花園裡建一座涼爽舒適的草屋，環境優美，而且沒人會看見他。

於是老人被逐出家門。雖然媳婦們還是一如往昔地供應餐飲，他卻越發地苦悶和憤怒。孤伶俐的他，只能與路過的風講話。

在他被趕出來好幾個月之後，一天，正巧上師賈蘭達拉（Jalandhara）經過仙多納嘎。他乞食的對象之一，剛好是老人的長子。長子邀請上師回家用餐，妻子非常歡喜地承事這位聖者。餐後女主人邀請他留下來過夜。他拒絕了，因為不習慣睡在室內舒適的床上。女主人優雅地帶他到外頭清涼芬芳的夜間花園。她吩咐僕人拿一盞燈和所有他可能用得上的東西過來，之後便互道晚安。

賈蘭達拉正要睡著的時候，聽到一種聲音，像是有老人顫抖而煩躁地自言自語。「有人嗎？」他大聲說。

先是片刻的沈默，接著，一道遊魂般的聲音傲慢地說：「是誰？」

瑜伽士回答：「一個來訪的乞丐。你又是誰？」

「我是這個家的主人！」他發牢騷地回答。賈蘭達拉點亮了燈，突然發現一間小草屋，幾乎要被肆意亂長的甜香茉莉掩蓋了。他走進小屋，老人請他坐下，然後開始聆聽這位織工悲哀的故事。

老人抱怨著：「我是這家織工的父親，在我的黃金年代，還是全家的家長、生意的主人，但是現在不中用了；兒子和媳婦都羞辱我，把我關在這間小屋裡，當我是個怪物似的。人生到頭一場空啊！」

上師坐著想了一會兒。然後他說，「我們所造作的一切，不過是短暫的戲碼。所有的出生都是受苦的開始。一切是空洞的幻相，唯有涅槃能得到平靜快樂。你想不想要我教你為死亡做準備的教授？」

織工回答：「我想要！」他的聲音顯得堅定而明確。

上師當下為他灌頂，帶領他進入喜金剛的壇城，並教他如何禪修。

第二天早上，上師離開了，而日子一如既往。沒有人關心或意識到老人已經開始持戒禪修，雖然他們注意到他的確不再抱怨命運；實際上，他根本不說話了。

十二年過去了，小屋一片寂靜；但是這段期間，老織工已獲得某些能力，而這個祕密一直保留到有一天，全家因為完成大客戶訂製的一件奢華地毯而大肆慶祝之時。

在盛宴的過程中，長媳突然發現自己忘記按時為公公送餐，想到那個不出聲的笨老頭現在一定餓昏了，她趕緊端一盤食物送去。

但是當她一進小屋就立刻愣住，盤子從手上掉了下來。她看見織工四周瀰漫著如燈的光輝。織工坐在中央，周圍環繞著十五位美女，身上穿戴的配飾與絲綢，都是人間未曾見聞過的。每一位女孩各自端著一盤最豐盛的食物，並且用手指餵著織工。

當這位長子的妻子回過神來，便趕緊飛奔到家裡，還一邊喊道：「快來花園……花園……」

大兒子以為父親一定是快死了，開始哭泣，然後全家朝小屋跑去。到了那裡，他們被耀眼的光芒照得幾乎睜不開眼，大夥嚷嚷著：「老人被附身了！」

到了早上，仙多納嘎全城都聽說了老織工花園裡不可思議的事。人們從四面八方前來仔細瞧瞧，有些人則在小屋外頂禮。

終於，織工現身了，他的形體不再是老態龍鍾，已變成十六歲的少年；渾身迸發著力量與健康，身上發散出的光芒強烈到眾人不得不掩目。他的身體就像高度拋光的鏡面，所有顯現的形相都成為淨光。

織工後來被稱作登底巴大師。經過無數年無私地利益眾生之後，據說他帶著仙多納嘎城的一大群人，一起進入了空行淨土。

10

卡噶巴（Khadgapa）

賊中高手

堅持不懈又如何，
勇士若無兵刃者，
永遠敗於他人下。
吾以無死覺性劍，
擊敗敵人無遺憾，
此敵乃是三界魔。

儘管他堅持不懈，
沒有武器的勇士，
永遠都會被打敗。
但是，我以無死覺性之劍爲裝備，
擊敗自己的敵人——三界之魔類，
而不留一絲遺憾。

在馬加達王國，有個種田的賤民家庭出生了一名男孩，全家都很歡喜。但隨著男孩日漸長大，全家的喜悅變成了悲哀，因爲他將所有的才華都投注在竊盜這件事上。

然而，他在這方面的才華還眞是驚人，他甚至可以偷到母雞還沒下好的蛋。他很享受這行業帶來的好處，但眞正令他覺得快樂的，則是這當中的刺激與危險。

當他的技巧越來越純熟時，行徑也越發地囂張起來。有一天，他決定去偷馬加達城首富的一顆傳奇紅寶石。過程中一切都進行得很順利，直到他踩到一隻睡貓的尾巴，隨之而來的噪音驚動了全家，這時他才只好扔下已得手的戰利品，倉皇逃走。

正巧，當時有一隊出殯行列經過附近，他便趁機混入送葬隊伍中，與其他人一樣捶胸哀號。這使得追趕的人一時無法分辨他和其餘的人，而騷擾哀悼者是有失禮節的。

卡噶巴隨著死者家屬一路來到火葬場，由衷地感激亡者救了他一命。爲了安全起見，他決定待在火葬場避幾天風頭，並在那裡遇見正在修持成就法的瑜伽士卡帕提（Carpati）。

賊人就問瑜伽士：「你在躲什麼人？」卡帕提回答：「爲了閃躲一再反覆的生死輪迴，所以我禪修。」

賊人說：「我不懂，這樣做的好處是什麼？」

瑜伽士說：「報酬可豐厚了！我可以有更好的投胎；更重要的是，我會得到究竟了義的樂果。」

賊人說：「喔，眞替你感到高興！」卡帕提說：「如果你肯修行佛陀教法，同樣也可以得到！」

卡噶巴說：「我尊重佛陀的教法，但我可沒時間禪修。我想你大概不會剛好知道隱身法吧？它可以在我偷竊的時候保護我，即使要偷的東西是國王的財產。」

這位上師說：「我的確知道。」他當下爲這位賊人授戒灌頂。然後他如此教導：

「馬加達城有座老寺院，名叫高瑞桑卡（Gauri-sankar）。它外表看起來像一座佛塔，實際上是座神龕，供奉著觀世音菩薩。你進去之後，會發現它充滿菩薩的恩慈。」

上師繼續說：「你的修法就是要日以繼夜地繞塔二十一天，無論如何都不能中斷，就連吃東西的時候也不行。當你如實照做二十一天後，注意看好，會有一條大蛇從佛像的兩腳之間溜出來。你一看見蛇，就必須抓住牠的頭。如果你露出任何恐懼或遲疑，就會失去全部；但如果照我所說的去做，將會獲得你想要的悉地。」

賊人很快就查到那間寺院位於哪座城市，便盡快出發。由於他還是通緝的對象，所以只能趁深夜行動。終於，他到達了寺院門口。

一進去，就如上師所言，立即能感受到菩薩無所不在。受到鼓舞的卡噶巴開始繞行聖像。

他從早到晚、從晚到早，日以繼夜地整整繞行了二十一天，遵循上師的指示，一點不打折扣。他繞著觀音像一圈又一圈，直到他的痛苦與疲乏像晨霧一般消散無蹤。

在修成就法的第二十一天傍晚，一條大黑蛇從菩薩腳上鬆開盤結然後慢慢滑過地上；賊人看了立刻毫無畏懼地一把抓住蛇的頭。

蛇一到他手上，立刻傳來兇猛的雷霆一擊以及睜不開眼的閃光。剎時，卡噶巴手中緊握著的竟是他從未見過的最美的劍，拿得越久，劍的光芒就越耀眼。明光之下，所有黑暗都被驅散。突然之間，卡噶巴心中所有的染污幻相，就像他剛才手中握的蛇一樣觸得到、看得見。

當他注視著內心的陰影時，光鋒切斷了那些陰影與他的心相續之間的連結。同一時刻，他從所有的染污中解脫，獲得了八大神通成就之「寶劍成就」；自此，他就被稱爲卡噶巴，意思是「拿寶劍的人」。

接下來的二十一天，曾經身爲竊賊的他，對馬加達城所有的人教導佛陀的訊息。之後，他顯示所獲的了悟，接著便進入了空行淨土。

11 高朗吉巴（Caurangipa）

被肢解的人

無始以來無明樹，
習性雨季所澆灌，
長成交錯妄念結。
上師口訣為斧頭，
聞思修斷無明樹。

無始以來，無明之樹
由習性的雨季所澆灌，
長成如此盤根錯節的妄念之結。
聞。思。修。
就用上師的口訣之斧來砍倒它。

高朗吉巴是東印度德瓦帕拉王的兒子。雖然父王對他很慈祥，但年幼的王子更喜歡黏著聖潔的母親。當他只有十二歲的時候，母親突然得了重病，臨終時將他喚到床前，用最後一口氣賜予他法教的精髓：「一切苦樂都源自於惡業與善業，即使生命受到威脅，也絕對不要造

惡。」說完這些話後就死了。

不到一年，國王另娶了一位年輕貌美的女人爲妻，但同時也持續修行。在他們婚後不久，國王離開皇宮，到叢林閉關一段時間。孤單的年輕王后在皇宮四處遊走，讓自己熟悉新的地盤，到了傍晚的涼快時分，她則爬上屋頂欣賞景色。

突然，她被下面中庭裡的聲音所吸引，當她往下看時，視線落到年輕王子的身上。她頭一次注意到他的俊美，不禁怦然心動；瞬間完全被迷住了。

在熾盛欲望的驅使下，王后派遣一位侍女送上示愛的邀約；這個舉動使得高朗吉非常地震驚。他勉強保持禮貌，婉拒了王后的邀請。

當侍女帶著王子的拒絕回來時，王后覺得被嚴重羞辱了。她所有的熱情立刻轉爲憤怒，她盤算著：「誰叫他敢瞧不起我！我會讓他後悔今天所做的事。」她整夜飽受折磨之苦，夢中盡是激情和報復的情景。到了早上，她的怒氣絲毫未減。她召集僕人前來，想要找個辦法除掉王子。但僕人們一路看著王子長大，內心依然非常地疼愛他。

他們於是抗議道：「王子是無辜的。他只是個孩子，罪不至死。」

王后鐵青著臉。她的欲望動輒受挫，決定祭出撒謊的手段。當她得知國王隨時會回來，便打發僕人離開，自己把臥室弄得一團凌亂，撕裂衣裳，還把全身抓出血淋淋的傷痕。當國王走進寢宮時，發現她哭得歇斯底里。

國王質問：「是什麼人做的？」

她呻吟道：「你的兒子，我反抗，他就……」

痛心疾首的國王喊道：「他不再是我的兒子，他必須死！」在狂怒之下，國王召來兩位忠誠的僕人，命令他們把王子帶到叢林深處，斬斷他的四肢，讓他流血致死，或讓野獸吞了。王后還要求他們必須把斬斷的四肢帶回來以資證明。

僕人淚流滿面，他們對這名無辜王子的愛甚於自己的小孩，於是想到可以用抽籤的方法，看看要犧牲哪個人的孩子來代替王子。但是當他們帶著這個想法去見王子時，他告訴他們母親臨終的交代。

王子說：「我不能讓別人代替我死，那樣是不對的。你們必須服從我父王的命令。」

兩位僕人啜泣到難以自持，他們決定避開危險的叢林，將王子帶到遠處草原的邊際，而且確定附近有村民的地方。這樣至少他還會有一線生機。

兩人不得已將幼主解肢斷節，並對王子所有的痛苦感同身受。動刑之後，他們將他撐起來靠著一棵大樹，然後撿起斷肢回去交差。

當他們消失在地平線的瞬間，極受德瓦帕拉王國所愛戴的瑜伽士米那巴，又稱阿欽達巴，立即出現在垂死的王子面前。王子祈求救助，米那巴表示會教他能夠治癒的修法。瑜伽士當下爲王子授戒灌頂，然後教他腹部呼吸的瑜伽。

米那巴說：「當你修行成就時，身體會再度完好如初。」然後便離開這名大樹下的男孩。

瑜伽士邁開大步，橫越草原，在距離年輕受害人呼喊聲所及的範圍內，碰到一群牧人。在郭拉薩的傳奇故事中，描述了其中一位牧人如何自告奮勇照顧王子的經過。

王子在這十二年的期間，一直保持在禪修狀態，並依上師所教而修。

就在他受傷屆滿十二週年的前夕，國王的一隊商人剛好來到王子樹下不遠的地方紮營。由於篷車載滿了金銀財寶，商人們擔心半夜會有強盜來襲。他們決定黃昏的時候把寶物埋藏到離營地一段距離的地方。但是當他們經過接近王子所在的大樹時，昏暗之中，突然響起了一個聲音，問道：「誰在那兒？」

商人們嚇壞了，害怕他們紮營在賊窩旁邊，憂心忡忡地大聲說：「我們只是製炭的人。」

「走吧！」那聲音說。

第二天一早，太陽還沒昇起之前，商人們回來把寶物挖出。但當他們正要檢查珠寶是否完好如初時，卻震驚地發現原本的金條寶石全部變成了煤炭。

他們擔心空手而歸的命運，便開始商量該怎麼辦？當大家幾乎決定要做鳥獸散時，當中最聰明的人說話了。

「記得昨晚有個聲音在喊我們嗎？我相信他一定是個所言皆會成真的聖者，也就是清淨到只能說諦實語的人。我們把他找出來吧；總之，不會有更多損失。」

於是他們循著先前的腳步，走到了一棵孤立的大樹前，樹下是一個沒有四肢的人。他們圍繞著他，講述他們悲哀的故事並祈求他的幫助。

王子說：「有可能是我在入定時說話了，然後我的聲音改變了你們東西的外相。我並不知情。但是如果我應當負責，那麼讓這些煤炭再度轉回金銀財寶吧。」

商人打開麻袋，倒出一地的紅寶石、鑽石、藍寶石，和金片、銀片打造的美麗物件，各個都在早晨的陽光下閃閃發光。商人們震驚之餘，向高朗吉頂禮，並獻上他們最貴重的商品。

王子與他們一樣同感吃驚，他猛然想起多年前米那巴的話，腦中不時盤旋著這個想法：「難道這是修行圓滿的前兆嗎？預言會成真嗎？四肢會重生嗎？」

那一整天，他坐著禪修，祈禱手足都能復原，而它們也慢慢地、慢慢地，從一無所有到完整成形。高朗吉瞬間了悟到，如同大地之母能生長萬物，無所不在的空性是他四肢重生的基礎。

嗚呼，只有那棵樹見證了高朗吉巴的修行，其他人則一無所知。儘管王子獲得所有的世間成就，也演示了無數奇蹟，但由於性情急躁而無法將祕密教導他人。

然而，據說那棵陪伴他修行十二年的樹，至今仍屹立原處。

12

岡噶利巴（Kankaripa）

失去摯愛的鰥夫

吾之空行妃后妻。
清淨覺性因而見，
空性虛空因而觸，
相合卻不屬於吾，
汝難言喻難比擬。

我的空行明妃、我的王后、我的夫人。
清淨覺性因而得見，
空性虛空因而得觸。
與我相合卻非我的一部分，
妳超越言語，也無可比擬。

岡噶利巴是個賤民階級的普通老百姓，他娶了同樣階級的女孩為妻。在體驗床第之樂並享受前所未有的狂喜後，他成為感官主義者。在這些激情的高潮之間，他沈浸於自己的幸福人生裡，還發誓單只這一項，就能滿足他所有的欲望。

但是命運之輪改變航向，幾年之後，正値青春愉悅的年華，他摯愛的妻子卻走到生命的盡頭。

突如其來的打擊，使他像是被閃電擊中。萬念俱灰的他，帶著愛妻的屍體來到一處火葬場。他抱著屍體，瀕臨崩潰地倒在灰燼上，拒絕將親愛的人付諸火焰。

此時，有一位瑜伽士碰巧經過。他在哀痛欲絕的年輕人旁邊坐了下來，問道：「你怎麼了？」

鰥夫哀號著：「失去妻子就如同挖掉我的眼睛一般，還我的妻子來！」

瑜伽士溫和地告訴他：「有生就有死，有合必有分，積聚必消散。抱著那具屍體，與抱著一堆土沒有兩樣。輪迴中的每個人都是痛苦的，因爲存在的自性就是苦；與其哀嘆命運，何不修行佛法以超越痛苦呢？」

鰥夫說：「我的心還在迷惑，我想不明白，請幫助我。」

瑜伽士回答：「上師的教授就是證悟之道。」

年輕人喊道：「那就請您教導我吧！」

瑜伽士爲他授戒灌頂，給予他明點無實而不分內、外（中、邊）的戒條。這位心碎的丈夫得到指示，要觀想妻子爲空行母、爲空性，以及相合無別之樂的無實質、無自性。

他以六年的光陰深入思惟。最後，他對於亡妻的想法，從血肉之驅轉化成清淨的樂空之境。當內在的明光破曉、心中的陰霾消融之時，他開始見到不變眞理的實相。就像曼陀羅花❶帶著自己的夢境與幻覺前來，離開身體時也把它們帶走，此時，幻相、困惑與無名，也都離他而去。

經過種種的努力，這位平凡的人獲得了大手印成就，並且以岡噶利巴，意即「死屍成就者」而聞名於世。他在尚未飛升入於空行淨土的歲月裡，開啓了許多人的心靈，讓他們得以領受佛陀的話語。

譯註：

❶ Datura，為茄科類曼陀羅屬植物，又名醉心花、瘋茄兒等，可用於中醫止痛，也是一種強力迷幻劑。

13 阿雅德瓦（Aryadeva，聖天）

從蓮花出生的人

過現未三世諸佛，
本質唯有此一者。
若欲體會佛本質，
當知自心真實性。
爾後放手自消融，入無造作之實相。
彼時寬坦之境界，即瑜伽士之生活。

一切諸佛——過去、現在、未來——
唯有單一的本質。
若要體會此本質，
就要明白自心的眞實本性。
接著放手，並融入無造作的實相。
此放鬆的狀態即是瑜伽士的生活。

阿雅德瓦（聖天）的誕生十分神奇，他是從滿是花粉的蓮花花蕊中蹦出來的。長大後，他在那爛陀寺受戒出家，並成爲這所著名寺院的住持。

然而，經過多年的無私承事之後，這位上千出家眾的導師、無數學者的教師，心中卻逐漸感到不安。他越來越覺得自己並未實現內在全然的潛藏力；最後，他決定去找上師龍樹（Nagarjuna），後者超凡過人的能力與威德激發他深深的敬意。他希望藉此能獲得究竟的知識。

聖天認爲龍樹應是住在遙遠的南方，於是準備好要展開一趟艱難的旅程。然而，在距離那爛陀不遠的大湖岸邊，他遇見一位謙卑的漁夫，並立刻認出對方就是文殊菩薩。聖天向偉大的菩薩頂禮並獻上許多供養。當文殊表示要讓他說說自己想要什麼時，這位住持便詢問能否告訴他龍樹的下落。

幸運地，他所希求的上師此刻就在附近森林的一個草庵裡。根據文殊的說法，他正投注於煉製不死丹藥的配方。

聖天朝菩薩指示的方向前進，不久就看見一座簡陋的茅草屋。附近有一位目光炯然而銳利的老人正喃喃自語地在林裡收集樹根和樹葉。聖天一眼便認出他是龍樹，所以就在大師面前頂禮。

龍樹感受到聖天身上不凡的氣質，同意了他的要求。龍樹賜予聖天密集金剛灌頂並教授他相關的修法，同時也讓聖天留下來修行成就法。

師徒兩人每天都要走好一段路，到附近小城乞食。龍樹連從最有錢的人家討一口飯都得不到，但是聖天卻會捧著一大張芭蕉葉的食物回來，上面堆滿了各式各樣美味的珍饈。

如此的情形日復一日地發生，這使得龍樹變得暴躁易怒；終於，他給學生出了一道題目。「那些思淫的婦女想用所有這些精美的糕餅引誘你。」老人訓斥著，並將芭蕉葉連同食物全扔到樹林裡，說：「這些食物不清淨。從現在起，你只能吃用針尖挑得起來的東西。」

聖天忠誠地服從上師所言，只吃能用針尖挑得起來的幾粒米飯。但是當城裡的婦女聽到這項新限制時，她們便巧妙地開始準備澆有楓糖的小小糕點，然後把它們妥當地放在針尖上。

聖天把這些小糕點帶回供養龍樹，雖然這位上師吃得津津有味，但是他的疑心又起，便問學生是從哪裡得到糕餅的。聖天一五一十地稟告上師。老人勃然大怒，再也不許他進城。此後便由龍樹出去乞食。

到了第二天，當大師剛消失在視線之外，一位美麗的樹仙就從她的綠葉之家出來，捧著天上美味的珍饈給聖天，並且坐下來和蓮花所生之子閒話家常；而且不經意地展示著美妙的胴體，絲毫不覺尷尬。

龍樹返回時，他的徒弟告知樹仙曾經造訪並且帶來珍饈。大師決定要親自會會這名仙女，於是龍樹便到她居住的樹下喊她。她非常謙卑地從綠葉紗窗後探頭窺視，遲遲地不敢顯露自己。

「妳爲什麼對我的徒兒毫不掩飾，卻不願向我這樣做？」聖者生氣地問道。

樹仙反而教訓他，說道：「讓我來告訴你爲什麼，因爲你的徒弟連『欲望』這個字是什麼意思都不知道，他全然地清淨。但是你，老頭兒，你的心裡仍刻有情欲的痕跡。」

上師反省著她所說的話後，他把徒弟召來並且給他一個新的名字：聖天，意即「崇高的神」。

同一天，龍樹完成了他永保青春的靈藥，他滴了幾滴在自己的舌頭上。但是當他把碗遞給聖天時，他的徒弟卻把整碗倒在一株枯樹上，頓時樹上開滿了鮮花。

龍樹不可置信地大叫：「你是怎麼搞的！把碗裡的東西還我！」

聖天一如往常地服從，他提來一桶水，往裡頭小解之後，拿了一支樹枝攪拌幾下，然後遞給上師。

「這樣就太多啦！」聖者沒好氣地說，然後把桶子遞回給徒弟。聖天將它潑到另一株樹上，它同樣地也恢復了生機。

龍樹點點頭說：「很顯然地，你已經完全開悟了，但你為什麼還堅持要留在輪迴裡呢？」

當下，聖天充滿狂喜，騰空到七棵棕櫚樹之高的虛空中。他就和所有從蓮花出世的人一樣，從一誕生就是全然解脫的，聖天只是需要上師的一句話來點醒自己。

他繼續懸浮在虛空中，開始向所有眾生宣講佛陀的教法，以成熟他們的心性。當任務完成後，他以足底朝天之姿，雙手合十以示虔敬地向上師頂禮；之後再打直身子站立於虛空中。在天人群集而朝他撒下如雨般的鮮花之際，他就這麼消失了。

14 龍樹（Nagarjuna）

哲學家與煉丹師

當未證悟的人佯裝爲成就者，
他就像企圖篡奪王位的叛徒。
當已證悟的人堅持要做蠢事，
他就像身陷在泥沼裡的大象。

佯裝成就卻未證，
如謀王位之叛徒。
已證者若好愚行，
如大象身陷泥淖。

在東方康吉王國（Kanci）的卡霍拉（Kahora），住著一名智慧驚人的婆羅門少年。他在二十歲時，已經能憑記憶背出所有已知的婆羅門教典，甚至獲得了神奇的隱身術。

他對學者式的生活漸漸感到不滿且厭煩，認爲一切都顯得空洞而沒有生命力，於是一頭栽進了感官歡愉的追求中。沒過多久，卡霍拉地方的含苞處女與成熟少婦無一倖免地遭到侵犯。

龍樹放蕩不羈的作風越來越大膽，最後竟和三個朋友溜進國王的後宮，恣意享用國王最鍾愛的女人；可惜，他們被人發現並遭到逮捕。龍樹隱身站在國王身邊，因而逃過了一劫，但是他的三個朋友全都遭到斬首。

這件事傳遍整個地區，到處一片譁然。卡霍拉的婆羅門只好群聚開會，商討對策，但卻毫無結果。最後，由於完全想不出辦法來制伏這頭橫衝直撞的公牛，他們全都陷入了絕望。他們終於做出令人黯然神傷的決定，那就是唯有全員遷徙一途，能讓他們不用再處理這個問題；至於留下來的人，也只能各自面對無可避免的後果。

此時，龍樹正深陷於自我厭惡的風暴中；對他而言，婆羅門的決議無疑是最後一擊。在龍樹因深重的羞惱而自願離去的那一日，大家都鬆了一口氣。由於對自己的生命感到挫敗與不滿，他將先前那股縱欲的能量轉而開始了心靈的追求。

他一路走到偏遠的清涼園尸陀林，尋求佛陀的法教並獲得指導。最後他到了著名的僧眾大學那爛陀，在那裡學習五明，而且憑著記憶背出了整座大學圖書館的書籍。

然而，在他的內心深處，再度萌發靈性上的不滿，因爲書籍不足以撫慰心靈。於是他開始觀修並向怙主度母祈求。當他在修法中親見度母的容顏之後，便捨棄了寺院的保障，開始托缽僧的生涯。

他行旅四方，在城鎮鄉村裡乞食，然而內心依舊得不到平靜。晚上躺下時，他會默想：「我只是個沒用的可憐蟲。對任何人能有什麼用處呢？」

他決定接下來要到王舍城（Rajagrha）閉關。到達之後，他開始唸誦咒語伏魔，首先他要降伏的是十二位藥叉女。

在他閉關的第一天，鄉間發生地震。

第二天，河水氾濫造成洪災。

第三天，火從天降造成浩劫。

第四天，極度暴風來襲。

第五天，尖矛如雨直下。

第六天，金剛霹靂從天疾衝而下。

第七天，十二位藥叉女集合全部力量發動攻擊，想要制伏禪修者。但是無論她們做什麼，都無法使他分心；他仍堅守自己不可侵犯的誓言。

藥叉女服輸了，趨前而謙卑地說：「只要你開口，我們必定滿足您的願望。」

龍樹回答：「我不需要任何東西，只要在我閉關時，每日提供飲食即可。」這十二年中，藥叉女每天都會送來四把米和五把蔬菜，從不間斷；在他修持成就法接近尾聲時，有一百零八位藥叉女都任他差遣。

完成閉關後的龍樹，煥然一新且充滿使命感，懷抱著服務眾生的明確動機重新出發。他首先決定要將岡達希拉山（Gandhasila Mountain）變成純金，他開始分階段地進行。首先把山變成堅實的鐵，接著再變成閃閃發光的銅。就在他準備把銅變成黃金時，文殊菩薩出聲制止：「你認為把整座山變成金子，就能幫助所有眾生嗎？這樣做，只會引發更多的犯罪動機，並且造成極大的衝突與鬥爭。」

龍樹認同菩薩更深廣的智慧，放棄了這項計畫，直到今天，岡達希拉山仍泛著深紫銅色的光澤。

接著他遠走南方，來到接近斯里帕爾山（Sri Parvata Mountain）的一條大河邊。他請牧人們指引一條可以安全到達淺灘的走法，結果，他們卻指引他到河岸兩邊陡峭崎嶇且下方還有很多鱷魚出沒的河道；然而，牧人仍堅稱這是渡河最安全的地方。

正當瑜伽士準備踏入河裡時，有位牧人心生憐憫，警告他其中的危險。那是個魁偉的大個兒，聲音爽朗，龍樹立刻就相信了他的話。

牧人說：「聖者，讓我帶您到安全的地方渡河。」他一邊說著，一邊帶著瑜伽士到另一處淺灘。「爬到我肩膀上，我背您過河，這樣才不會弄濕。」

不過，渡河才到了一半，他們在毫無預警的情況下，突然遭到鱷魚包圍，鱷魚們激烈地翻攪，把河水變成了白色泡沫。

「只要我還活著，您就不用擔心！」這位值得令人信賴的牧人大聲喊著。然後他直接穿越眼前的混亂，把背上的人安全放到對岸。

瑜伽士轉身向牧人說道：「你認得我嗎？我是聖龍樹。」牧人突然心生敬畏，爲其所懾服，他答道：「我聽過您的名號。」

龍樹說：「你帶我平安過河，我可以實現你任何的願望。」這當中，龍樹並沒有提到，鱷魚其實是他變出來要測試牧人的。

牧人毫不遲疑地答道：「就讓我當國王吧！」

大師當下往旁邊一棵薩爾樹灑了一些河水，那棵樹立刻變成了一頭穿戴皇家服飾的雄偉白象。大象低頭向新王行禮，並且用象鼻將他捲起，放到背上。

國王朝下方大聲地問道：「那我的軍隊呢？」

瑜伽士回答：「國王，當大象發出吼聲時，軍隊就會出現了。」

就在大象發出咆哮聲而撼動整個森林的同時，一眨眼的功夫，一團儀容整肅、武裝齊備的軍隊出現，並準備好要蓄勢待發。

之後，牧人便成爲人稱的薩拉班達王（King Salabandha）。他和王后辛迪（Queen Sindhi）以偉大的智慧與慈悲統治超過八萬四千戶的人民。

然而，他也和上師一樣，飽受內心不滿的困擾。幾年之後，牧人國王踏上尋訪上師的朝聖之路。當他找到龍樹時，這位國王向上師頂禮，接著恭敬繞行一陣子，直到他鼓足勇氣把心胸敞開。

國王終於語帶懺悔地說道：「治理國家和我想像的完全不一樣，我不想再治理國家，求您讓我留下來並隨侍在旁。」

龍樹說：「不行，我不允許你這麼做。把這串珍貴的念珠拿去，它會保護你和你的王國；同時我也會給你神聖甘露，在面對死亡時，嚐到這如蜜甜味的人，將能不死並且無懼。」

國王又說：「如果您答應有一天能讓我永遠留在您身邊，我就接受這份禮物，回到我的王國；但是如果您不答應，我兩樣都不要。」

「再說吧！」龍樹回答，並以傳授能生不死甘露的煉金術來打消徒弟的抱怨。

在那段期間，薩拉班達王國繁榮了起來。農作物豐收，領地上的人民與其他生物都興旺增長。在這些幸福的年月中，龍樹從國土的這一端到另一端，傳播著佛陀教法。

然而到了時機成熟時，存有之輪再度轉動。正當黃金歲月似乎會永遠持續下去時，名爲桑達銳那達（Sundarananda）的邪靈對國王越來越妒忌與不滿。他的怨氣不斷增長，直到力量大得使地上開始出現毀滅的徵兆。太陽的亮光與溫暖開始減弱，月亮祝福的臉孔從夜空消失。果子還沒成熟就先落地，雨水在不當的時間滴下，飢荒肆虐著大地，田野和森林都變得枯黃。疾病與戰爭的時代開始了。

薩拉班達國王將這些不祥之兆詮釋爲他的上師有壽難。他把王位讓給長子，帶著少數最忠心的僕人來到龍樹的足下。當上師問他爲什麼前來時，國王唱了一首哀歌：

何以不幸降吾等？　　何以不幸降臨在我們身上？

何以佛語難有助？　　何以佛陀教言幫不了我們？

何以黑暗勢力生？
何以邪暴風吞蝕
皎月大悲者慈悲？
上師不壞金剛尊，
落衰敗死亡手耶？
凶兆令吾必得來。
祈求您賜予吾等
汝之慈悲大恩德。

上師以頌歌如此回答道：

生而終衰亡。
造而終消融。
聚而終散解。

何以黑暗的勢力如此生起？
何以邪惡的暴風雲吞蝕了
月亮的皎潔，那大悲者的慈悲？
我的上師，不可摧壞的金剛尊，
您是否落入了衰敗與死亡之手？
邪惡的凶兆驅使我不得不前來。
我祈求您，賜予我們
您慈悲的恩德。

生而終須衰亡。
造而終須消融。
聚而終須散解。

萬象似真卻一瞬。
莫看諸惡兆。且來，
飲此無畏之甘露！

萬象似眞，卻皆一瞬。
莫看諸般惡兆。來吧，
飲此無畏甘露！

在龍樹唱出的最後一個音符還沒消失前，國王最害怕的事發生了——上師送走他世間所有的東西，準備赴死。梵天大神喬裝成一位婆羅門前來乞討上師的頭顱。當上師答應時，薩拉班達王的心都碎了；悲痛欲絕的他，將頭擱在上師的腳上，就此斷氣。

聚集的群眾都詛咒這位婆羅門，因爲他竟然提出這樣的要求；身爲男人，他們全都拒絕砍下大師的頭。最後，龍樹不得不拿一根吉祥草割下自己的頭顱❶，然後手捧著頭交給婆羅門。

在此同時，所有綠色植物都枯萎了，人類的善業與福德從地上消失。八位忠誠服侍他的藥叉女，前來守護著龍樹的身體。直到今日，她們仍然站在那兒。

大師圓寂之後，一道強光射入龍樹心子暨法脈繼承人龍菩提（Nagabodhi）的身體。至今，在最明亮的夜晚，那道光依然照耀著滿月般的光輝。當慈悲補處彌勒佛的教法遍佈地球時，龍樹將再次現身，爲眾生服務。

譯註：

❶據說，龍樹已得金剛不壞之身，但因過去生中曾因割草而殺害昆蟲，故有此異熟業果。而kusha，音譯為「孤莎草」，或因佛陀以此草為座墊而證得正覺，故稱為「吉祥草」。

15

毘那巴（Vinapa）

愛音樂的人

堅持奉獻歷多年，
掌握維那不定弦。
忽聞琴音未曾彈，
以致忘失吾己身。

多年的堅持與奉獻，
我掌握了維那琴不定的音弦。
爾後發現那未曾彈奏的聲音，
於是就忘失了自己。

毘那巴是高達（Gauda）國王的獨子，王國是以恆河爲界。王子深爲父母以及宮廷上下所寵愛。他有八位褓母，每個都放任他奇思異想，當他躁動不安時，則有宮廷樂師前來安撫。或許是早期音樂的薰陶改變了他的命運吧？因爲，當王子年紀稍長時，他不理國政，總是纏著宮廷的樂師教他彈奏塔姆布拉琴。

年輕王子一小時接著一小時、一天又一天，撥著四弦的塔姆布拉琴。他的指頭樂此不疲地在琴上輕巧勾出低沈的「嗡」（OM）音節。他在這方面非常有天分，在很短的時間內就精通塔姆布拉琴，之後又學會七弦的維那琴。當他用撥片撥動維那琴時，琴上其餘的弦便會振動，發出完美的共鳴。他完全被這種樂器所迷住，而且無法自拔，甚至到了廢寢忘食的地步。

然而這位年輕的王子並非一般的樂師——他可是繼承王位的人；到時候，他會有能力用智慧和慈悲來治理國家嗎？會有足夠的技巧和興趣來治國嗎？他的父母和大臣們越來越擔心。

絕望之餘，他們請來一位修行有成的瑜伽士，叫布達巴（Buddhapa），希望他能轉移王子對音樂的注意力。在第一次的會面中，這位聖人不可思議的特質深深打動了王子。毘那巴認出了上師，在他面前頂禮，之後繞行數圈以示恭敬；然後他們坐下來深談，討論生命中的種種問題。

布達巴立刻知道度化王子的時機已然成熟，於是他問王子是否準備好開始修持成就法，即成佛之道的修心法門。

王子回答：「尊貴的瑜伽士，音樂就是我的成就法。除了維那琴和塔姆布拉琴的聲音，其他都不重要；我唯一願意修持的成就法，就是可以不放棄音樂的那種成就法。」

上師答應道：「如果眞如你所言，那麼我就教你音樂成就法。」當下他以儀軌爲王子灌頂，讓他尚未成熟的心續得以成熟。

布達巴指導他：「持續不斷地禪修你的琴音，但必須對自己所彈出來的與內在所感知到的琴音不作分別。停下所有內心的干涉，停下所有的概念化，停下所有關於評比和判斷的念頭。純粹只是禪修聲音。」

王子依此教授修行了九年，當他的身體長大成人時，內心與靈性亦隨之增長；所有介於他和淨覺之間的一切，彷彿陰影逃避光明那般，從心中徹底消除了。這道明光開始在他的內心散發光芒，彷彿他就是一盞珍貴的酥油燈一般，最終他獲得了大手印的境界。

他展現出許多令人驚歎的能力，如：他心通（讀心術）、宿命通（預知未來等）、神足通（能自在分身，於同一時間出現在不同的地方）。他變得名聞天下，據說他的成就是因親見喜金剛本尊而得。

他眞正的王國乃在心靈的範疇之內。他在極長的壽命中，教導許多眾生如何從存有的束縛中解脫。當任務完成時，他以肉身進入了空行淨土。

16 塔嘎納巴（Thaganapa）

說謊大師

若欲除去耳中水，　　要除掉耳中的水，
便應將水灌入耳。　　就灌水入耳。
若欲得見真實諦，　　要明白眞理，
思惟萬法皆謊言。　　就思惟萬法皆是謊言。

塔嘎納巴出生於東印度一個屬於低下階級的家庭。很小的時候，他就顯露出犯罪的傾向，後來甚至全都以剝削與欺詐爲生。

有一天，他在城邊的一棵樹下坐著，腦中正盤算著美妙的坑人計畫，一位有智慧的僧人正好經過。僧人問：「孩子，你爲何陷入沈思？」塔嘎納巴回答：「尊貴的長老，這說來話長……」

然而僧人打斷他的話，說道：「你正準備編個謊話，是不是？你難道不知道越是撒謊，就越會覺得撒謊是正常的，然後你撒謊的習慣就更強化；如果繼續這樣下去，果報成熟時，你會投生地獄。」

塔嘎納巴臉色轉白並且開始顫抖。

僧人繼續說道：「撒謊在身上也會產生作用喔，除了舌頭會有裂紋、嘴巴會有口臭、說話沒有效果且無人信服之外，打妄語的人所造的業，還會令莊稼不生，撒下的種子變得乾癟或無法繁殖。」

塔嘎納巴以前從來沒聽過關於說謊的業果法則，僧人善巧的分析正中要害。他承認：「你一下子就看穿我了。人們都叫我塔嘎納巴，因爲我嘴裡連一根頭髮的百分之一那麼丁點的眞話都說不出來。我對誰都撒謊，無一例外。我該怎麼辦呢？」

僧人問道：「你覺得自己有能力可以修持成就法嗎？」

塔嘎納巴有些疑惑，說道：「倒是可以試試，但我沒把握是否可以停止說謊。」

僧人和藹地回答：「從無始以來，你不是唯一的一個。就連像你這樣的人，也是有方法可

以成就的。」

塔嘎納巴鬆了一口氣，說道：「太好了，那就開始吧。」

僧人開始傳授塔嘎納巴「以毒攻毒」的瑜伽修法——用說謊對治說謊的禪修。接著，僧人爲塔嘎納巴灌頂，使他尚未成熟的心續得以成熟。然後僧人告訴他以下的教授：「觀修所有透過六根所感知的見、聞、念、觸，也就是你所感受到的一切，都只是謊言。」

不知諸法皆謊言，
汝言己為說謊者。
若所知與能知者，
六根六塵皆謊言，
借問何者是為真？
童稚不知普世謊，
執持虛假以為真。
自將欺誑以為真，

你不知萬法皆是謊言，
而說自己是個說謊者。
如果所知以及能知者，
六種感官以及感知的一切，
都是謊言，那麼何者爲眞？
童稚不知這一則普世謊言，
執持虛假的事物以爲眞實。
當我們告訴自己欺誑爲眞，

繫縛己身於存有——
便是將自己繫縛於那存有——

如水車輪之水滴。
有如水車輪緣所滴下的水。

故當細細思量之：
因此要好好思量：

諸體驗本為欺誑，
所有的經驗本來就是欺誑的，

諸形色本為欺誑，
所有的形色本來就是欺誑的，

諸音聲本為欺誑，
所有的聲音本來就是欺誑的。

彼時汝亦終查明。
到時候，你將會發現，

汝謂誑者亦謊言。
就連你對欺誑的看法也是個謊言。

塔嘎納巴如此禪修一切感官認知皆爲欺誑，經歷了七年之久。當他完成了成就法的修持時，便了知到所有現象界的經驗都是虛妄的。

由於證得了圓滿的斷捨離，他開始視一切現象如夢、如幻、如空中樓閣、如水中月影、如鏡中映像；並因爲斷捨離的境界，而獲得明性、自在以及平等捨的功德。於是他向老師求證，自己是否已獲得證悟？

僧人就只是這麼說道：「覺受既非欺誑、亦非眞實；實相乃是不生、不住的。現在你必須禪修你對一切事物的覺受爲空，因爲它自性是空。」

塔嘎納巴遵循上師的指導，繼續修行。他的修行之道在於化解悖論，將彼此衝突的想法與感受一起交織編入諸法自性空的織錦中。

在他獲得成就之後，人們稱他爲「說謊大師」，他教導業力良善的人如何「以毒攻毒」。經過多年的無私服務之後，他進入空行淨土。

17 卡馬瑞巴（Camaripa）

神聖的鞋匠

我以空性與慈悲爲楦頭，
打模成見與概念的皮革。
我拿起直觀的智慧之錐，
縫著存有之線——
而此存有乃無始亦無終。
自發不爲世間八風所動，
我造出細緻的法身之鞋。

空性慈悲為楦頭，
吾塑成見概念革。
直觀智慧以為錐，
縫著存有之絲線——
存有無始亦無終。
自然不為八風動，
吾造細緻法身履。

在東印度的毘斯奴納嘎城（Visnunagar），住著一個卑微的鞋匠。他從早到晚不停地工作，做新鞋、補舊鞋。他一邊做鞋，一邊做白日夢，反覆地想：「我難道要做一輩子的鞋匠？」

有一天，當他再也忍無可忍時，抬頭剛好看見一位僧人從他的鋪子經過。他立即扔下工具衝到街上，就在滿是塵土的地上，對著聖者的蓮足頂禮。

他喊道：「我已經受夠這種生活了！只有無止盡的勞苦、貪愛與愚昧，我一直想追隨佛陀的道路，怎奈何苦無機會。祈求您，尊貴的師父，教我一些能夠利益今生與來生的東西吧！」

慈祥的僧人扶起鞋匠說：「如果你現在能遵循成就法，我會很樂意指導你。」

鞋匠歡喜地回答：「太好了，太好了！請您來寒舍坐坐。」他懇求著。

僧人說：「我將於日暮到訪。」

鞋匠急忙跑回家告訴妻子和女兒們，家人隨即展開旋風式的行動：打掃、做飯，盡所能地做出最好的準備。當貴賓蒞臨時，全部都已準備就緒。

這一家人以最高的敬意，請求僧人坐下並爲他濯足❶。簡陋的晚餐擺上了桌，客人也非常喜悅地加入；餐後，鞋匠的妻子和女兒提供各種的方式讓這位客人感到舒適，包括愜意的按摩。

僧人對他們熱情的款待十分歡喜，便爲鞋匠及他的妻子授戒並給予教授：

慈心悲心以為楦，　要以慈心與悲心爲楦頭，
打模貪愛概念革。　打模貪愛與概念之皮革。
復以上師言教錐，　接著以上師的言教爲錐，
慎縫遠離八風線。　謹慎地縫上遠離世間八風之線，
汝將造鞋奇妙哉——　你將神奇地造出那
眼翳之人無得見，　視覺受到遮蔽者所無法見到的——
絕妙難思法身履。　令人驚歎的法身之鞋。

僧人說：「你的修行，就是觀想你的製鞋過程。」

譯註：

❶古印度待客的禮俗之一。

鞋匠立刻明白上師的隱喻，然後問：「我怎麼知道自己有沒有進步呢？」

上師回答：「起初，你對輪迴的感受會越加地厭惡；慢慢地，你會發現任何生起的事物都會消融於它本來的自性中。」話一說完，僧人就消失了。

鞋匠如此修習成就法十二年，上師所教授的神祕之鞋在禪修中逐漸成形。他穿上法身鞋，一步便跨過了六毒之基的無明地。所有內心的障礙皆消失如煙，他獲得了大手印成就。

工藝之神毘斯瓦嘎門（Visvakarman）偕同隨從來到鞋匠的鋪子。鞋匠端坐凝視，超然於一切世事之外，天神便自己拿起擱在工作檯面上的工具與皮革開始製鞋。

毘斯奴納嘎地區的人對鞋匠的修行一無所知，因那時他成就尚淺，直到一天有位新客人走進店鋪。他驚奇地發現鞋匠深入禪定之中，而在工作檯上代他勞役的竟是大神毘斯瓦嘎門。

一傳十、十傳百，一夕之間，整座城都知道了這個奇蹟；人們爭相要來親眼看看。他們在鞋匠瑜伽士的足下頂禮，請求教授。他教導人們關於上師口訣之不可或缺的利益，然後解釋許多不同教義與技巧的內涵。

人們稱他爲卡馬瑞巴達（Camaripada），意即「鞋匠成就者」，而他也以美妙的行跡聲名遠播。時機成熟時，他以肉身進入了空行淨土。

18 夏立巴（Syalipa）

豺狼瑜伽士

稟賦藝者混形色，
毛骨悚然畫境成，
凝眸使人生怖畏。
然拋恐懼復細觀，
所餘僅此映照矣。

天才藝術家能混合形與色
成爲如此令人恐懼的圖象，
以致凝視之人會心生怖畏。
但請再看一次。拋開恐懼，
則剩下的只是個映影罷了。

畢哈波城（Bighapur）住著一名從事苦力的賤民，名叫夏立巴。他窮到只能住在火葬場邊一座臨時搭起的棚子裡。情況本來也不算太糟，只是夜晚都會有成群的豺狼巡視火葬場，在灰燼裡尋找剩下的骨頭和尚未燒盡的肉。出於本性，牠們在暗夜爭鬥、嚎叫咆哮。

夜復一夜，可怕的叫聲像閃電般穿透他的身體。在能入睡的幾小時中卻又惡夢連連；他感到越來越害怕，最後滿腦子盡是豺狼的聲影。

一天傍晚，一位托缽的僧人恰巧來到他的茅棚化緣。夏立巴引著他進入棚子裡，並在僧人的足前頂禮。他將處境全盤托出，也和僧人聊些城裡的事情。

僧人非常讚賞主人的殷切，於是開始爲夏立巴解釋布施的果報；這位苦力很感興趣，全神貫注地聆聽。但隨著夜色降臨，他的每根神經開始緊繃起來，等著那令人血液凝結的墳場第一聲嚎叫。

很快地，暗夜裡四處都迴響著嚎叫聲，僧人留意到主人空洞的眼神和灰白的臉色，問道：「你在害怕什麼？是在害怕輪迴的痛苦嗎？除了生、死與投胎之外，還有什麼可怕的？」

夏立巴回答：「尊者，我們都害怕輪迴。但是還有另一件事情讓我覺得恐懼，你聽……」

僧人安靜地聆聽一會兒，然後問道：「我只聽到墳場上豺狼的歌聲，此外就沒有別的了。」

夏立巴喊道：「沒有別的了！這些聲音就已經夠我受的了，我怕到每晚都無法成眠。」

僧人溫和地說：「喔，我懂了。我有一些教授和咒語可以幫助你。但是首先你應該領受灌頂。」

夏立巴無比感恩，他拿出多年積蓄的微薄工資作爲灌頂的供養。於是僧人爲他灌頂並教導名爲「以恐懼摧毀恐懼」的修法。

僧人說：「要對治你生命中所恐懼的那件事，就在於發現那個恐懼的眞正自性。現在你必須在墳場的正中央搭一座棚子，而且成爲豺狼當中的一份子。你要禪修豺狼的嚎叫即是一切聲音的根本，必須觀修狼嚎與任何其他的聲音都沒有不同。」

儘管這個教誡聽起來頗爲嚇人，但夏立巴卻完全服從照做。逐漸地，他聽到一切聲音之中的寂靜。當他越來越能從自己的恐懼抽離時，他開始認識到豺狼的嚎叫乃是音聲與空性的合一。於是，對於恐懼之因的禪修變成了無畏愉悅的自解脫。

經過九年如此修習成就法，他的身心一切染污有如回聲一般漸漸消逝，終至獲得大手印成就。

由於他身披豺狼皮以象徵他識得萬法一味，他被稱作「豺狼瑜伽士」。許多年間，他教導無數的學生顯相與空性爲一的修法。最後，他以肉身騰空而進入了空行淨土。

19 那洛巴（Naropa）

從不氣餒的弟子

如同轉輪聖王眾，
征服部洲諸島嶼，
了知本有之味者——
瑜伽士征服輪迴，
由淨樂統御一切。

猶如轉輪聖王之主眾
征服諸大部洲與島嶼，
了知本有之味的這位瑜伽士，
征服輪迴，
由淨樂統御一切。

那洛巴來自巴連弗邑（Pataliputra），雙親分屬不同的階級。他的父親以賣酒爲生，但到了成年時，那洛巴卻拒絕承襲家業，並到樹林裡撿柴爲生。即使在林裡，他心中的追尋依然令他不安。

有一天傍晚，他正巧聽到偉大的聖者帝洛巴（Tilopa）的故事，當下即認定帝洛巴就是他的上師，而唯有找到上師的那一天，他才能夠安心。第二天，他用一大捆木柴向一位獵人換來一張瑜伽士都會披上的鹿皮，然後朝毘斯奴納嘎出發，開始尋找上師的旅程。

在他到達目的地時，卻失望地發現偉大的聖者才剛離開，而且沒有人知道他可能的下落。那洛巴毫不氣餒，開始長達數年的尋訪，追蹤每個可能有帝洛巴下落的線索和耳語，足跡遍及全印度。

這一天，塵土瀰漫在無風的空氣裡，那洛巴漫無目的地走在路上，正巧看見一個身影從朦朧的遠處靠近。儘管沒有任何明顯的理由，但他的心就快要從喉嚨蹦出來了，兩條腿彷彿有自己的意志般，飛快地朝那還無法辨識的身影奔去。

越是靠近，他就變得越是確定。最後，當他能辨認出那位行者的臉孔與身形時，他知道自己終於找到帝洛巴了。他飛奔到上師身邊，在他腳下的塵土中行大禮拜，然後繞著他手舞足蹈，稱他爲「上師」，並問候他近來健康如何。

帝洛巴在路當中停下來，一動也不動，而且不悅地瞪著那洛巴，吼道：「別再胡鬧了！我不是你的上師，你也不是我的弟子，我從來沒見過你，也希望以後不要再看到你！」然後他用結實的拐杖，狠狠地打了那洛巴一頓，叫他滾開。

但是那洛巴既不吃驚，也不氣餒。好不容易找到尋覓多年的大師，他的信心當然不會因爲被打了幾下就動搖。他逕自出發到最近的城鎮，乞食給兩人吃。

當他回來時，帝洛巴不但沒有由衷致意，反而又把他痛打一頓。那洛巴安靜且滿足地吃著上師剩下的菜餚，之後又繞行上師以示恭敬。

他一直待在帝洛巴身邊，一邊乞討食物並做各種承事，長達十二年來，自己從未得到一句讚美，對方也從未承認師徒關係。但那洛巴的信心依然不曾動搖。

在第十二年快結束時，正好碰上村子裡的富人爲女兒設宴慶祝，慷慨的主人爲賓客提供了八十四種不同口味的咖哩，其中有一道菜非常稀有美味，嚐一口可是會讓人以爲自己在和天人共餐呢！

那洛巴每一種咖哩都得到很多分量，包括最美味的那一道。當他回到住所，在帝洛巴眼前攤開所有的佳餚時，一件驚人的事發生了——在那洛巴認識他這麼多年裡，頭一回見到帝洛巴笑了，而且還毫不客氣地開始一口接一口吃著，舔舔指頭並遞上他的空碗，問道：「我的兒啊，你從哪兒找來這些的？請你回去，再幫我多拿點來吧。」

那洛巴心想：「『我的兒』！他叫我『我的兒』！」那快樂的感覺有如證得初地菩薩的「歡喜地」一般。「十二年來，我坐在上師的足下，他連一次問我叫什麼名字都沒有。現在，他卻叫我『我的兒啊』！」他在極喜中飄飄然地回到婚宴上，為上師索討更多特別美味的咖哩。

但是帝洛巴的胃口之大，一次又一次地差遣徒弟回去。還好，那洛巴每一次都能大大地鬆一口氣，因為他都得到更多的精緻食物。但是當帝洛巴第五次叫他再去時，那洛巴開始覺得羞於露臉，同時內心有極大的掙扎與衝擊。最後，由於無法面對上師的不悅，他下定決心要把整鍋偷走。

他在眾人之中徘徊，等候著時機，然後慢慢地將身子挪近那鍋咖哩。當所有客人與僕人都被娛樂節目吸引的那一剎那，他拋棄自尊，端起整鍋咖哩藏在袍子下，然後往外奔逃。

帝洛巴讚美他能夠放下身段，忍受這種程度的羞辱，並進一步承許他這麼多年的堅持毅力，還稱他為「我的精進之子」，然後賜予他金剛亥母的灌頂與加持，給予他禪修的教授。那洛巴在六個月中，就獲得大手印成就，之後他的身上開始散發出強烈的光芒，距離他所住小屋一個月以外的腳程之處都看得到。他的名聲如野火般傳開，追隨者從世界各處蜂擁而至。

經過多年對無數子弟孜孜不倦的奉獻之後，他以肉身進入了空行淨土。

20

帝洛巴（Tilopa）

偉大的出離者

降落須彌懸崖鳥，
似為純金所製成。
了悟諸顯清淨藏，
聖者飛離物質界，
降臨極樂之佛國。

降落在須彌山懸崖上的鳥，
看來像是由純金所造。
了悟諸顯皆爲清淨潛藏力的聖者，
能從物質世界飛離，
降落在極樂的佛土。

多年以來，帝洛巴盡忠職守地承事毘奴納嘎國王。國王爲了感謝聖者對無數弟子的教導以及對佛法的付出，賜予他每日五百鎊金幣的豐厚報酬。

儘管事業成功、生活優渥，然而帝洛巴的內心卻非常不安且無法專心工作。他對自己說道：「我的生命沒有意義，我無法在奢華的生活環境中找到自己衷心渴望的精要教授。我必須像瑜伽士一樣，離開這裡而尋求證悟。」

每當帝洛巴欲意離職時，就會有來自弟子、朝廷與皇室沮喪失落的聲浪，使得國王每每拒絕了他的去意。

終於，有一夜，帝洛巴生起了無論如何一定要走的強烈渴望，他留下了寫有「我絕不會回來，不要找我！」的字條，之後便安靜地走出寺院；他和一位乞丐交換了衣服後，悄然地溜出了皇室。

天剛破曉時，帝洛巴已經快到康吉，他待在當地的墳場修行成就法並在城裡乞食。他安靜地住了一陣子後，開始了沿路托缽的行腳生活。有一天，他在路上遇到那洛巴，後者成爲了忠誠追隨他的侍者。

經過多年修持成就法，曾經困擾帝洛巴的染污消失了。他證得大手印成就，並到天界接受天神的尊崇和豐盛的供養。他獲得身成就、語成就與意成就，並享譽全世界。在他安置無數眾生於證悟的道途後，飛升而入於空行淨土。

21 桑帝巴（Santipa）

學者

如童受母之哺育，
長成具力之成人，
未熟心受師教養，
滋養成大乘大樂。
如醫者藥能治病，
信我我所致不安，
以師口訣當下癒。

正如小孩受母親哺育，
成長爲有力氣的大人，
不成熟的心受上師教法滋養，
則成長爲大乘的大樂。
正如疾病要靠醫生的藥治療，
因相信「我」和「我所」而來的不安，
當下即能因上師口訣而痊癒。

在德瓦帕拉國王統治馬加達時，有位出身婆羅門種姓的僧人桑帝巴，名號寶生寂

（Ratnakarasanti），是一位聲譽卓越的戒師，後來成為著名超戒寺的五明教師之一。他聲名遠播至斯里蘭卡，那兒的卡毘那國王（King Kapina）極具善根與福德，逐漸對佛法教義產生興趣。求法心切的國王與大臣，決定依止偉大的聖者桑帝巴為上師。

於是皇家信使帶著隆重的厚禮出現在寺院大門。使者在大上師面前頂禮，並依照國王的吩咐，說道：「偉大的聖者，祈求您的憐憫。我們是活在黑闇與無明中的野蠻人，為欲望與貪婪之火吞噬，為忿怒與瞋恨的利器折磨。請來我們這裡傳揚大乘成佛道的解脫訊息吧，因為我們一無所知！我為您帶來金、銀、珍珠、上好的絲綢、柚木和象牙的雕刻，以及香料和稀有的藥草。相較於卡毘那國王與斯里蘭卡所有人民對您深重的敬意，這些禮物微不足道。看在所有人民的份上，請來斯里蘭卡島吧！」

桑帝巴經過一番仔細的考慮，決定接受邀約，他帶著兩千位僧人同行，還有數不清的牛隻及滿載三藏經典的馬匹。

當斯里蘭卡人民得知這個消息時，有如初地菩薩證得「歡喜地」那般欣悅，他們陸續丟下手邊的工作來到海邊。在第一艘帆船進入眼簾時，他們的心也跟著雀躍；當載滿華蓋與牛隻的船隊在地平線出現時，他們簡直是欣喜若狂。

他們以絲綢鋪地讓偉大的戒師走在上頭；當他踏上土地時，所有人都深深地鞠躬致敬。戒師的周遭充滿了珍稀名貴焚香所散發的煙雲，他和同行者的面前也都堆滿了鮮花。國王的僕人忙不迭地打點他的每個需求。

偉大的老師在斯里蘭卡待了三年，爲國王、他的大臣以及人民傳授大藏經的許多法教與修行教授。

桑帝巴的離去與來時的盛景一樣。心懷感恩的君王贈予他成千上萬的牛馬，以及珍貴的金銀寶物，還有只能在海底深處才找得到的深色珊瑚。回程時，聖者決定採取比較遠的路線回國。渡過遠洋之後，這群人穿越蘭姆斯巴蘭王國（Ramesvaram），那兒的國王蘭馬那爲梵天大神造了一座宏偉的廟，以感謝祂讓妻子在斯里蘭卡國的藍卡普利得以康復。

最後，隔在他們和家園之間只剩下大約七天行程的一片荒原，周圍環繞著令人生畏的群山。在跋涉的第四天，桑帝巴遇見一位名叫郭達力巴的農夫，後者成爲了他的弟子。關於郭達力巴的事蹟記載於本書稍後的章節中。

回到寺院之後，生活很快恢復正常。桑帝巴重拾聞思與授課。隨著時光推移，桑帝巴逐漸老邁，學生便用牛車載著他到各處弘法，也由於齒牙都已掉光，他只能吃些甜品與軟糊的食物。到了一百歲時，他決定退隱，開始長達十二年的禪修。

而同樣的十二年間，郭達力巴也在閉關。桑帝巴的修法內容是推論思辨，郭達力巴則專注於實相的根本自性，而這種非戲論的無念禪修使他無礙地獲致了大手印成就。

當閉關結束時，桑帝巴從閉關處歸來，得到學生的一片讚歎。

而當郭達力巴獲得大手印成就時，眾神之主帝釋天也來慶賀；在許多空行母與聖眷眾的擁簇下，大神將天饈注入郭達力巴的「梵門」——也就是頂輪，瑜伽士因而全然滿足。空行母呼喊道：「這是眞正的金剛薩埵。」於是郭達力巴爲他們加持，讓他們充滿聖善的安樂。在整個慶宴的從頭到尾之間，郭達力巴都一直堅稱：「全都是因爲上師的教授，我才能獲得成就。我耕的是山坡地，但是他教我要耕耘心田。」

帝釋天與眾神邀請郭達力巴進入欲界的三十三天，但瑜伽士心裡只有他的上師，於是他回絕並說道：「難道上師不是比佛陀更偉大的恩德之源嗎？經典上不是這麼說了：『上師是佛、上師是法、上師是僧，上師爲三寶之總集；我希求他神聖的加持。』」

郭達力巴以肉眼不可見的意生身來到桑帝巴跟前，在偉大的上師與他的隨侍前頂禮。但連老師在內，沒有一人看得見他，於是，他現出具體的肉身再次禮敬。

桑帝巴吃驚地問道：「你是誰？」

「我是您的徒弟。」郭達力巴用謙卑而仰慕的語氣回答。

桑帝巴嘆息道：「抱歉，我的徒弟太多了，我實在無法記住每個人。」

郭達力巴問他：「您還記得有個在山腰耕地的農夫嗎？」

桑帝巴微笑，記起了那件事情。「你的禪修結果如何？」他和藹地問。

郭達力巴回答：「我遵循您的教授修行而得到大手印成就，證得了清淨覺性與空性的法身境界。」

桑帝巴在瞬間有了極大的省悟，他了解到自己在這麼多年的教導期間，忽視了眞正的修持戒律。於是，他對徒弟說：「我必須懺悔，因爲我從來沒有證得我所教導的圓滿實相；我甚至連給過你什麼教授都忘記了。」他請學生演示他所禪修的成果。

於是，學生變成了老師，而老師變成學生。郭達力巴帶著桑帝巴到一處僻靜的閉關之地，向他揭露法身的種種功德，以此回報老師的教導。

桑帝巴又花了十二年禪修，最終證得大手印的成就。在獲得眞實大樂之後，他領悟到所有的研讀以及所獲的榮譽與禮物，與這種境界相較之下顯得既空洞且微不足道。他將剩下的歲月都用來忠誠地服務他人。最後，他也進入空行淨土。

22 梅可巴（Mekopa）

怒目的上師

最重要的是——
上師會讓你了悟
自心之本性。
其後視諸境爲一，
串習無二義，
住於墳場地。
世人視你爲瘋聖，
於你又有何相干？

尤為重要者——
上師能令汝了悟
自心之本性。
爾後視諸境為一，
串習無二義，
身住屍陀林。
世人視汝為瘋聖，
於汝又有何相干？

梅可巴住在孟加拉的一個小鎮上，是個兜售食物的小販。他永遠都對客人口吐蓮花，心地善良且經常不收窮人費用。這些行徑，有一位瑜伽士全都看在眼裡，而梅可巴也會每天給他食物，卻從來不曾要求一絲回報。

有一天，瑜伽士忍不住問梅可巴：「你為什麼這麼慷慨大方？」

梅可巴大笑著說：「或許是為了求得來生的福報吧！」

瑜伽士說：「如果這眞是你所願，何不讓我教你一個成就法，保證你得到想要的結果。」

梅可巴很開心，答應每天如實地修行。瑜伽士傳他灌頂，並且給予他關於自心本性的教授，如云：

汝心如神妙珍寶，　你的心猶如一顆神奇寶石，
顯現一切輪涅法。　能夠顯現一切——從輪迴到涅槃。
知見形成二元別，　由於知與不知會形成二元分別，
且往深處凝視觀——　那就凝視內心之深處——
心性不變之虛空，　自心眞實本性的不變虛空，

察覺一切二元源；
無二虛空無實質，
如是諸顯皆幻相。
察吾皆為妄欲縛。

因而找到一切二元的源頭；
無二的虛空並無實質，
如是所有的經驗皆是幻相。
就此發現我們是如何被虛妄的欲望所繫縛。

梅可巴在禪修中，逐漸明瞭上師的諦實之語：「所有現象無非只是心的虛構；而心的本身廣無邊際，無來亦無去。」他安住在自心本性的了悟當中，長達六個月之久。

然而，由於他現見甚深實相的那種不可思議的強烈體會，導致他像瘋子一樣在墳場遊蕩。他經常會跑到城裡，用能夠穿透現象界的怒目深深地盯著陌生人的眼睛。人們開始叫他「瘋眼上師」（Guru Crazy Eyes，怖畏目上師）。他深奧的教授改變了許多生命，當時候來臨時，他以肉身飛入了空行淨土。

23

岡巴拉（Kambala）

黑毯瑜伽士

海洋靜默之深處，
未見聞寶臥於彼——
龍王受用甚奇妙。
一切光明音聲中，
法身於此而躺臥——
成就受用甚豐盛。

在海洋靜默的深處，
躺著不爲人知的寶藏——
龍王的受用多麼神奇！
在一切光與音聲中，
躺著法身——
成就者的受用何其豐富！

在康嘎惹瑪國（Kankarama）的父王逝世後，新王繼位。他派人延請母親前來，希望得到她智慧的忠告，但眾人尋遍了王宮上下，卻怎麼也找不到母后的蹤跡。她就這麼消失了。

國王雖然承受著雙重的打擊，但還是想辦法釐清思緒，回頭而治理王國。在很短的時間內，他的德行與智慧就爲領地內八萬四千戶人家帶來繁榮。

過了兩年，母后突然出現在朝廷。當她朝寶座走來時，國王感到無比雀躍；但是當他看見她眼中的淚水時，喜悅瞬間變成了憂傷。

國王問：「親愛的母親，您爲何哭泣？」

她回答：「我哭泣，是因爲看見你坐在寶座上，忙著治理可悲的國事。」

年輕的國王從寶座起身，摘下頭上的皇冠，擁抱著母親，說道：「我會讓位給弟弟，然後出家。」他如此宣佈，爲了要讓母親歡喜。

短短一週之內，他就在一間寺院找到安身之處，還有三百位僧人作爲眷屬。又過了一陣子，母親再度出現在他的面前，同樣地流淚哭泣。他向她頂禮，請求解釋憂戚的原因。母親回答：「我哭泣是因爲你雖然已經出家，看來卻仍然過著由眾臣環繞的國王生活。」

「您希望我怎麼做呢？」他問。

「離開這間寺院和奢華的生活方式，獨自到森林裡修行。」

他再度聽從母親的指示，進入叢林，在一棵枝幹粗壯的樹下找到庇護。然而，當地居民很快注意到他的出現。有感於他過去的慷慨布施，他們供給他最好的飲食和許多舒適的用品。

他的母親再度出現，對著他捶胸頓足，激烈地哀嚎。再一次，瑜伽士國王懇求知道是什麼原因讓她如此地不滿意。

母親指著他的絲綢衣袍和銀製洗皿，嚴肅地說道：「你要這些做什麼？」於是，他放棄了這一切，再度踏上瑜伽士的旅程，遊方各處。

就在他走沒多遠的時候，母親再度出現了。然而這一回，她現身在他頂上的虛空中，此時他才知道，母后原來是位空行母。她給予他勝樂金剛（Samvara）灌頂，並且指導他禪修後，便消失不見了。

瑜伽士國王雲遊各地十二年。睡在墳場並修行成就法，直到獲得大手印成就。他騰空而起，發現自己的眼前是母親和她的天人眷屬。「你爲什麼要濫用神通在這種沒有意義的事情上？」她憤怒地問，哭過的眼睛依然紅腫。「爲何不將這份稟賦用來利益下面的人？」

大師降回地面，爲了無私地服務人群，於是來到空行界烏金國（Oddiyana）的首都曼嘎拉波（Mangalapur）。城裡有二十五萬戶人家，城外的卡拉博地區有個荒涼偏僻的帕那巴懸崖。他在岩壁上找到一個山洞，作爲閉關的地方。此處日後被稱作塔拉色（Talatse），意思是「掌上之穴」。

然而，當他住下來之後，一群陌生但不怎麼友善的自然元素女靈闖入了他的生命。他的出現似乎對當地一群世間空行女巫以及她們的女王蓮花天造成了威脅❶。她們商量之後，決定干擾他的禪修，讓他悲慘到不得不離開。

有一天，他披著唯一的遮身黑毯朝城裡出發乞食。途中他被一群美麗的年輕女巫團團圍住，她們搭訕並懇求著說：

「如果有機會能供養您，將讓我們感到非常榮幸，請跟我們回家，這樣你也不必大老遠進城去。」

他禮貌地回答：「我不會只向一戶人家乞食。」

蓮花天迂迴逼近，說：「如果您不能跟我們回家，那離開的時候可以把黑毯借給我們嗎？」

譯註：

❶空行分為智慧空行和世間空行，其中有男亦有女，但大多為女相：智慧空行是已了證者，世間空行則或為佛教護法（有些是自願發心、有些是受佛教大師降伏而誓願護持佛法），或為魔靈（或善、或惡）。

爲人厚道的他無法拒絕她的要求，於是全身赤裸地繼續向城裡走去。

當他一消失在山丘背後，女巫們立即開懷大笑，抱著瑜伽士的毯子瘋狂起舞。然後蓮花天表示，她又有事情要讓大家來商量。

她說：「所有成就者的東西都有他的威力在上頭。大家想想看，要怎麼樣把它均分呢？」最後她們決議把毯子撕成小碎片，一瞬間便將它吃個精光，只剩下一小塊衣角扔進火裡。

大師從城裡回來，禮貌地詢問能否拿回他的毯子？女巫們當然做不到，於是她們拿給他另一條美麗的新毯。但瑜伽士堅決要取回自己的毯子，她們企圖用黃金交換。但再度遭到拒絕。

瑜伽士氣壞了，回到城裡向國王申訴。他重述一遍失去毯子的故事，堅持國王強制要求那些偷東西的女巫歸還屬於他的東西。

國王召來女巫，命令她們把毯子交出來。她們申辯說，毯子已經不在手中，而她們也提出了賠償，但是他拒絕了。

這下子國王還能怎麼做呢？毯子根本是拿不回了。於是大師只好赤身裸體地回到山洞裡繼續禪修。他向嘿汝嘎的明妃金剛亥母獻上朵瑪（食子），這是一種供養用的糕餅，用以降伏這些和四大元素相關的女靈。不久，有位女巫下咒使洞中的泉水枯竭，他則下令大地女神恢復。

頃刻間，清新甘甜的水又從他的井中冒出。

就這樣，小麻煩不斷發生，但是大師不為所動，不論搗蛋的女巫想出什麼把戲，他總是能夠擺平。那些挫敗的麻煩製造者，決定號召更多空行女巫來協力打敗大師，於是眾女巫們遠從須彌山和四大洲趕來參加烏金國的大集會。

但是大師早已得到風聲，並策劃了反擊之道；他等眾女巫全都聚集在女王蓮花天的周圍之後，便開始唸著力量非常強大的咒語，把她們都變成最沒有傷害力的樣子，也就是一群綿羊。

蓮花天可憐兮兮地咩咩叫著，哀求要變回原來的樣子。他答應了，但採取的預防措施就是先把羊毛給剪了。當女巫們恢復人形時，發現自己的頭髮都被剃光了。大師又再度陷入女性啜泣的風暴之中。

權力受到侮辱的欲樂女神在狂怒下又發動了一場攻擊。她使出最有力的咒語之一，呼喚強風吹動崖頂一塊巨岩，讓它飛快地衝向掌上之穴。大師非常鎮定地目測迎面而來的巨石，在石頭即將落到頭上時，他只是將手舉起，做出具有警告作用的威嚇印。

頃刻間，巨石嘎然而止，搖搖欲墜卻又平衡地停在岩洞入口上方的突顯之處。直到今天，那塊巨石依然在那兒。

大師與女巫的對峙讓國事完全停擺，大家都心神不寧，誰也不知道接下來會發生什麼，是場大地震或是水災，還是會天降火雨？最後，國王決定終結這一場風波，他召集大師以及蓮花天那些喜歡鬧事的女巫們前來朝廷。

國王坐在寶座上，面色凝重，一言不發，觀察了女巫們好一陣子。最後，他終於開口：「妳們之中沒有誰不曾在過去傷害我的男性子民。妳們必須祈求寬恕，同時發誓遵循善道。」

但女巫們只管嘲笑他，完全沒有悔改之意。就在那時，大師以如雷之聲憤慨地向大眾投下詛咒：「現在就發誓守護眞理，否則我立刻送你們去見死主法王（Dharmaraja, Lord of Death）。」

女巫們嚇得瑟瑟發抖，發誓照他所吩咐的去做。大師用犀利的目光盯著她們，警告說：「妳們當中只要有誰動了歪腦筋想破壞誓言，哪怕只是一丁點，在那個瞬間，她就會變成一匹專門拉車的馬。」

女巫們知道大師說到做到，便通通皈依佛陀，誓願遵守自己所立下的戒條。當大師爲她們賜予淨化的儀式時，各個都吐出之前所吃下的黑毯碎片。大師非常高興可以重得舊物，他收拾所有碎片縫成原來的樣子。當然，還是差了被扔進火裡的那一小塊，因爲它已經永遠消失了。

這位偉大的瑜伽士以岡巴拉——也就是「毯子大師」而聞名遐邇，同時也被稱作斯里帕壩（Sri Prabhat），意思是「吉祥之光」。他在多年的和平歲月中無私地為人類服務，之後，便以肉身進入了空行淨土。

24 毘雅利巴（Vyalipa）

妓女的煉丹師

靜觀遍攝之虛空，
無上閉關即於彼；
了悟諸顯之自性，
圓滿和諧即於彼。
然見上師無比淨相時，
方得究竟實相之見地。
彼時方可飲盡無死露，
且能活出自己真性命。

在你靜觀包羅一切的虛空時，
無上的閉關便在彼處；
在你了悟所有經驗的自性時，
圓滿的和諧便在彼處。
然而，在你見到自己上師的無與倫比淨相時，
那才是究竟實相的見地。
唯有到了那時，你方能將無死甘露一飲而盡，
並且眞正活著。

毘雅利巴是一名非常富有的婆羅門，渴望長生不死。於是他開始修習煉金術，以求發現不死甘露的祕密。他花了很大的代價取得一份稀有的煉金祕笈，然後照著書上的配方，又買了大量的水銀和罕見的藥草。

他按照書上繁雜的步驟，小心謹愼地調配甘露。最後因無法取得最關鍵的一味成分，以致前功盡棄，全部的努力都付諸流水；他在狂怒之下，把書扔進恆河，在煉丹的第十一個年頭，變成身無分文而四處遊蕩的乞丐。

他順著河流的方向走，來到距離惹馬干德寺（Ramacandra）不遠的一個小村落。當他在乞討時，遇見一位妓女，她在閒談中說到發生在自己身上的一件奇妙的事，那就是當她在河裡洗澡時，有一本很奇怪的書在水面載浮載沈，剛好漂到她手中。妓女將她的寶貝展示給煉丹師看，當他細看之後，像個瘋子似地大笑了起來。他一面流淚，一面娓娓道來事情的始末。

妓女的事業就如同她的美貌一樣脆弱易逝。她對不死甘露非常有興趣，祈求煉丹師重拾他的研究，並提供三十磅的金子作爲誘因。

金子果然比他的心灰意冷來得有力。於是他又買進大量水銀，並且精勤修著煉金的成就法，整整一年，卻依然沒有成功的跡象，就是少了最關鍵的成分：紅色的油柑子，那是一種酷似櫻桃李的水果，它的修復特質受到東方醫學的高度讚揚。

接近年末的某一天，妓女照例到恆河洗澡，再度發生了一件神奇的事。一朵美麗的紅花順著水勢漂流而下，纏在她的指頭上。她當時並未注意，直到回家查看合夥人的進度時才發現。當她甩掉紅花時，一滴花蜜恰巧落入藥裡，之後便充滿奇妙的徵兆：他們頭頂上方的虛空中，出現一個有八吉祥象徵的輪子，以順時針方向旋轉著。這八種象徵分別爲：珍寶傘蓋、兩隻金魚、一只寶瓶、一朵蓮花、一個白法螺、一個無盡結、一面勝利幢，以及一個八輻法輪。

毘雅利巴的眼睛閃爍著貪婪的喜悅；他唯一擔心的就是妓女是否曾告訴別人這件事，妓女向煉丹師保證，她絕對沒說出去。

那天傍晚，她決定在合夥人身上測試看看；畢竟，她是個謹慎的女人。她偷偷將另一種有修復功能的苦苣苔藥草撒到毘雅利巴的食物中，這是一種非常苦澀的藥草，截至目前爲止，毘雅利巴向來是無法忍受的。這一次，他竟毫無感覺。妓女開心到不敢相信。

首先，他們在妓女放養的一頭年老母馬身上試了一點，不久，老傢伙便開始蹬腳，到處活蹦亂跳，幾乎像一頭年輕的小雌馬。

毘雅利巴和妓女大受鼓舞，舉杯慶賀彼此將長生不死，然後飲下各自的藥量。剎那間兩人都獲得世俗成就以及無死的能力。但即使如此，這件事並未改變煉丹師自私貪婪的本性，毘雅利巴決定他們必須嚴守祕密，絕對不能讓其他人得到。

由於他們的行徑如此自私，以至於升上天界時被天神所鄙棄。於是不死的兩人回到基蘭帕拉（Kilampara）生活。他們住在一塊一英里高的岩石上唯一的一棵樹蔭下，而一英里的高度剛好是聲音所及的十倍距離。岩石整個被一片無法穿透的沼澤所圍繞。

但是在此同時，龍樹則已獲得飛行的能力，而且還發誓要尋回原本在人類手中卻被偷走的長生不死的祕密。他刻意機敏地先把一隻鞋子脫下之後才起飛，到達那塊岩石的頂上時，還向這對凡夫配偶行禮。他們見到龍樹時不僅覺得十分詫異，也十分覬覦他神奇的飛行能力，心想若能隨心所欲到世界任何地方，生活該有多豐富啊！

他們詢問龍樹，爲何有這麼不可思議的能力？他告訴兩位，祕密就在他腳上那一隻鞋的力量。經過一番彼此都很強勢的討價還價之後，毘雅利提議要以不死甘露的配方交換那隻不可思議的鞋子。

煉丹師和妓女至今仍然在那塊岩石上，因爲他們始終沒有得到飛行的祕密。如果未曾修行成就法來淨化心識，世間所有甘露便都欠缺那一味眞正的成分，也就是至心懺悔改過以令心續敞開而能領受上師的教授。

另一方面，龍樹則將珍貴的配方帶回印度。直到今日他仍然爲一切眾生持續在斯里帕壩山的頂上修行。而對那些找到證悟之道的人，他將賜予神奇不死甘露的祕密。

25

丹帝巴（Tantepa）

賭徒

吾心造作之眾相，
消融無念之虛空。
諸法瞬息之覺受，
收攝空性相續中。

我心所造作的一切，
已消融於無念的虛空中。
對於現象稍縱即逝的各個體驗，
已收攝於空性的相續中。

丹帝巴是來自恆河谷地柯山比（Kausambhi）的賤民，他日日夜夜都在賭博，無法自制。對他來說，生命不過是一件非贏即輸的事。多數時候，他還能勉強打平，然而這一天，他遭到了致命的連輸局面。

他賭上全部的家產，然後輸個精光。即便如此，他仍然積習難改，繼續靠賒帳賭博；然而還是照輸不誤，債主態度開始變得惡劣。當他還不出錢來的時候，就開始東藏西躲，卻又無處可逃。直到有一天，身無分文的他又餓又累，好運也用到盡頭了，債主遂找到他的藏身之處，還把他打個半死。

夜暮低垂，丹帝巴勉強爬到一處墳場，藏身在陰影和灰燼中。在那兒碰巧有位瑜伽士發現了他，並將食物分給他。

瑜伽士說：「看你傷得如此嚴重，你是遇到強盜了嗎？」

丹帝巴說：「聖者，是我搶了自己。我是個賭徒，我把一切都輸光了，債主因爲我賴債，差點把我殺了。」

瑜伽士建議說：「既然你的人生沒有一樣得到回報，何不試試禪修呢？」

賭徒問：「成功的機率有多少？」然後他淚流滿面地說道：「你看！這就是我，對我來說，一切都歸結到骰子上的點數。但是……」他一邊說著，臉上也跟著一亮。「如果你有一種我能夠修持但不需要放棄賭博的方法，那我也許會試試看。」

瑜伽士微笑著說：「年輕人，你很幸運。我剛好有個適合你的修法。」

他當下爲賭徒授戒灌頂，然後教他：「現在，你必須做的是觀想三界：欲界、色界、無色

界。你已經很熟悉最後一種，它就和你的口袋一樣——空無一物。」賭徒點點頭，苦笑著。瑜伽士又繼續說道：「觀想三界之後，你必須開始觀修自心本性猶如那個虛空，兩者是一樣的。」然後他唱起了這首歌：

如賭骰子輸盡汝金銀，
汝須輸盡三界一切念。
如債主將汝扁似肉醬，
汝須粉碎自心諸造作，
令彼入於無念空性界。
彼時此尸陀林將轉化
成為清淨大樂之剎土。

正如擲賭骰子會輸掉你所有的錢，
你必須輸掉關於三界的所有念頭。
正如債主把你扁成肉醬一般，
你必須粉碎自心的一切造作，
讓它們進入無念的空性之界。
那時，這座墳場將轉化
而成爲清淨大樂之剎土。

丹帝巴非常精勤地禪修上師的教授，而當他如此修持的時候，所有關於三界之自性的想法與信念，都消融而入於它們自身空界的實相中。

他成爲老師，並因慈悲且能夠澈見人性弱點與失敗而聞名。他對弟子唱的最後一首歌是：

若吾不識悲與悔，　若我不識憂悲與悔恨，
何能趨入解脫道？　何能進入解脫之道途？
若吾不虔信上師，　若我對於上師無信心，
何能獲證究竟力？　何能獲得究竟之力量？

話還沒說完，他便起身飛到七棵棕櫚樹之高的虛空，然後進入空行淨土。

26

庫庫里巴（Kukkuripa）

愛狗的人

若具刻意之勤奮，
佛陀杳然非於彼，
儀式供養故無益。
若覺上師恩德勝，
佛陀當下現於彼，
然具福徒能見否？

若有著刻意的努力與費心，
佛陀就不在那兒，
因此，儀式與供養是徒勞無功的。
若能夠體驗上師恩德的最高境界，
佛陀就是在那兒，
只不過，那有福氣的領受者會看到嗎？

在迦毘羅衛城（Kapilavastu）住著一個叫庫庫里巴的婆羅門。由於對存在的問題感到困惑，他開始相信密法，並且在時機成熟時選擇了出離之道。他開始遊方的生活，一路靠乞討慢

慢向藍毘尼（Lumbini）的洞穴前進。

有一天，他在前往下一個城鎮的路上，聽見灌木叢中傳出輕微的嗚咽聲。他往前尋找，發現有隻小母狗在那兒飢餓到站不起來。他動了惻隱之心，把狗抱起，帶著牠一路長途跋涉，還把缽裡的食物分給牠吃，喜悅地看著牠逐漸變得強壯健康。

等他們來到藍毘尼的時候，庫庫里巴已經習慣了牠深情、溫厚的陪伴，甚至無法想像沒有牠的日子。於是他找到一個大到夠兩人同住的洞穴。每天，當他外出乞食的時候，牠會站岡守衛，耐心等待他回來。

庫庫里巴對持咒非常投入且毫不間斷，因此十二年就像只有一年一樣很快過去。在毫無察覺的情況下，瑜伽士獲得了宿命通和天眼通。但是欲界三十三天的天人注意到了。事實上他們非常讚歎，因此邀請他來天界參訪以慶祝他的成就。天人們的關注令他受寵若驚，於是他接受邀請，開始享用一輪自我放縱而毫無止盡的宴飲欲樂。

在地上，他那忠誠的狗兒仍然耐心地等候主人回來。雖然牠也必須四處覓食，但卻從來不曾離開洞穴的範圍。事實上，牠也沒被遺忘。庫庫里巴雖然處境優渥，卻只思念他那摯愛可親的夥伴。他一次又一次地告訴天人，他必須要回洞穴照顧牠。

但是天界主人鼓勵他留下來，說：「當你享受著我們一片心意所提供的奢華舒適時，怎麼還會想要回到有一條狗和黑漆漆的山洞呢？別傻了！留在我們這裡吧。」因此，庫庫里巴也一次又一次地讓自己被說服了。

但是有一天，當他從三十三天往下看的時候，發現他忠心的狗兒還在苦苦思念著他，牠的眼神透露著悲哀，尾巴下垂，而且骨瘦如柴。庫庫里巴爲此心痛不已，立刻從天界回到山洞與牠相聚。

狗兒一見到心愛的主人回來，馬上一躍而起，並且歡樂地跳上跳下。當他坐下來用手抓著狗兒最喜歡被人撫摸的耳後時，牠突然消失在眼前，同時之間，一位光華四射、由輝映雲彩所環繞的美麗空行母現身了。

她大聲說道：「做得好！做得好！你藉由克服誘惑而證明了自己的價值，現在你回來了，無上的力量就是你的了；你已經了解天人的世俗能力是虛幻的，因爲他們仍然保有我執的概念。天人的世界是有過失的欲樂之界。而現在，你的空行母能夠賜予你的，卻是無盡的淨樂與無上的了悟。」

她接著教導他如何結合方便與智慧以達到成就。當不退轉、無過失的不變見地在他心續中生起時，他確實獲得了無上了悟。

他以上師庫庫里巴——即愛狗的人而聞名，並回到迦毘羅衛城，在那兒無私地服務大眾並且享有長壽。當時機來臨時，他與一大群弟子一起飛升而入於空行淨土。

27 噶哈巴（Kanhapa）

黑皮膚的人

馬車無輪難駕馭，
修行布施與持戒，
無師亦難成究竟。
巨翅鷹鷲天賦巧，
遨翔天際於上方，
對於上師之教誡，
若能直觀而汲取，
瑜伽士全然饜足。

如同你無法駕駛無輪的馬車，
在你修行布施和持戒時，
若沒有上師，便無法得到最高成就。
如同天賦異稟的巨翅鷹鷲，
能翱翔於上方天際，
對於上師的教誡，
若可出於本能地吸收，
將給予瑜伽士全然的滿足。

噶哈巴是一名抄寫員的兒子。他在很小的時候就展露頭角，並在偉大的索瑪布里僧眾大學出家。在那兒，他從上師賈蘭達拉領受本尊喜金剛灌頂。

經過十二年的修持，書記之子得到了回應，他親見喜金剛及其眷屬，而腳下大地也爲之震動。滿心驕傲而自我膨脹的他，以爲自己已經達到究竟目標。就在噶哈巴開始志得意滿之時，一位怒容滿面的空行母出現在面前，警告他說他所看見的景象只不過是前行修持的一部分罷了。被喝斥的噶哈巴只好繼續於靜處修行。

然而他還是耐不住性子，時不時地就要測試一下自己的成就。有一天，他輕輕踩在一塊花崗岩的巨石上；抬起腳時，發現堅硬的石頭上留有他的足印。此時，怒容的空行母又出現了，再次把他送回禪坐。

當他第三次從三摩地出定時，發現自己飄浮在離地一肘高的虛空中；沒一會兒，面色嚴峻的空行母又出現了，警告他不可以因爲這種成就便傲氣凌人，並且用手指著他的禪坐墊子。

第四次的情形是當他出定時，發現頭上飄浮著七支皇家傘蓋，還有七個顱骨做成的手鼓自動發出聲音迴盪於空中。

他告訴弟子們：「這下子沒人敢說我還沒證得果位了吧？跟我到斯里蘭卡岸邊的藍卡普利

島去。我們來度度當地的異教徒，讓他們轉而歸順佛陀之道。」

噶哈巴領著隨行徒眾三千人，就朝著藍卡普利出發。當他們來到分隔大陸與海島的海峽時，他決定炫耀一下自己的實力。就在疑惑的隨從們從岸上看著他時，他開始踩水而行，從這岸越過海峽到另一岸。

他自忖：「這連我的上師也無法做到吧！」但就在說出那致命的話時，他立刻像石頭一樣沈到水裡，接著波浪很快把嗆水而唾沫四濺的他捲到沙灘上；當他翻過身來吐出滿嘴的沙子時，卻發現自己的上師賈蘭達拉在他正上空中懸浮著。

賈蘭達拉冷冷地問道：「碰到麻煩了嗎？」

羞愧的噶哈巴承認我慢貢高所帶來的後果。賈蘭達拉仰天大笑，之後憐憫地說道：「你去巴連弗邑吧，那兒是由仁慈的國王達馬帕拉（Dharmapala）所統治。到那兒找我的一位弟子，他是個織工；如果照他的吩咐去做，你很快就能證得究竟眞理。可是我必須說，那可是你至今還不曾體會的喔！」說完，他就消失了。

突然之間，華蓋和顱鼓又在空中出現，噶哈巴知道他的能力恢復了，他又能夠在水上行走和在岩石上留腳印了。他立即和隨眾出發前往巴連弗邑。

到了當地，他讓三千隨行徒眾等在城外，自信一定能夠找到上師所說的那個人。他在織工的街上蹓躂，一面用銳利的眼睛捕捉每個織工織布機上的線，然後停在其中一人的面前，因爲這名織工的經緯線會自動地交錯編織。他知道自己不用再找了。他向織工行禮並且恭敬地繞行數圈，之後請求瑜伽士教導他究竟眞理。

織工嚴肅地說：「你能答應照我所說的一切去做嗎？」

噶哈巴發誓道：「我答應！」

織工帶他來到墳場，指著一具新的屍體說：「來，吃一塊上頭的肉。」

噶哈巴跪下來，拿出小刀開始要割那具屍體。織工看了，厲聲說道：「笨蛋！不是那樣，要像這樣！」他馬上變成一頭狼，跳到屍體上開始狼吞虎嚥地啃食起來，吃完後又把自己變回人形，他告訴目瞪口呆的弟子：「你只能以動物的形式來吃人肉。」

下一步，織工蹲下來開始大解；然後將穢物分成三坨，還把其中一坨拿給他，命令道：「吃！」

噶哈巴抗議：「噶哈巴不行，我做不到！如果被別人看到怎麼辦？」

織工當下自己吃了一坨，第二坨給了天神，第三坨則讓龍蛇帶回地府。

之後他們回到城裡，織工買了三塊錢的食物和酒。說：「叫你的弟子們過來，我們要一起進行薈供（ganacakra）。」

噶哈巴照著吩咐去做，但內心充滿疑惑：「這麼少的食物，還不夠一個人吃呢！」待眾人都聚集之後，織工加持了食物，然後開始往外舀，就像變魔術般，無窮無盡的米飯、甜品，還有各色佳餚，出現在一個個的碗裡。薈供饗宴持續了七天，依然沒有停止的跡象。

噶哈巴感到噁心，他說：「我再也吞不下任何一口食物了。」他把剩下的食物供養給餓鬼，然後召集弟子們一起離開。

但是織工出現在他面前，唱道：

可悲可嘆眾兒啊，　可憐的孩子，你們藉由逃避
逃避豈能有所得？　能得到什麼？
將此圓滿智慧空，　將圓滿智慧的空性
相離生命盎然悲，　與生命盎然的慈悲分離，

汝正趨入於毀滅。　如此等於是在毀滅自己。
相較於此之了悟——　相較於了悟
實相真實之自性，　實相的眞實自性，
浮空華蓋與顱鼓　飄浮空中的華蓋和顱鼓
實乃一無是處矣。　根本不算什麼。

然而噶哈巴根本聽不進去。他繼續遊歷，最後來到巴度可拉城（Bhadhokora），距離他出發起點約莫四百五十英里遠的東方。在城的外圍，他發現一棵結實纍纍的荔枝樹。樹下坐著一位身形單薄的少女，正輕輕地唱著歌。

噶哈巴向女孩致意，並問他能否摘些水果。

她搖搖頭說道：「不行。」

此舉讓噶哈巴大爲光火，吼著：「妳膽敢拒絕我！」並凝神以神通力讓水果從枝椏上落下。

一顆顆荔枝才剛著地，就被女孩以同樣有力的眼神送回原先在樹上的位置，至此揭露了女孩身爲空行母的眞正自性。

但是此刻的噶哈巴已經氣到無從理解這次經歷的重要性。他不但沒有向這位空行母請求寬恕，反而以惡咒詛咒她，咒語強大到使她開始在地上翻滾，大量的鮮血從她的每個孔竅中流出。

不久，一旁就聚滿了圍觀的群眾，場面很快變得醜惡不堪。人們交頭接耳地說道：「佛教徒應該要慈悲啊，這位瑜伽士是個嗜血者啊！」

這些實話擊中噶哈巴內心深處的要害，他恢復理性，拿掉了詛咒，但是一切都太遲了，女孩開始對他施以反制的咒語。他倒在地上猛烈嘔吐、流血。在如死般的痛苦中，他呼喊自己忠誠的空行母伴侶邦娣（Bhande）來到面前，哀求她到南方斯里帕壩山，幫他帶回一些只有那個山坡上才找得到的草藥。有了這些草藥，就能把他治好。

萬分悲痛的邦娣立刻出發，以不到七天的時間走了需要六個月才能完成的行程。她在晨霧繚繞的陡峭山壁上採集到珍貴的藥草，然後返回孟加拉。然而，就在她距離那受難瑜伽士一天的行程時，她碰見一位老嫗在路旁哭得心碎。唉呀，邦娣並未認出那正是詛咒她上師的蠱惑少女，她停下來，看看要如何幫助老婦。

空行母問：「阿嬷，您為什麼哭啊？」

老嫗啜泣道：「怙主噶哈巴死了，我能不流淚嗎？」

聽到這個消息，邦娣整個陷入了絕望，她覺得所有的努力都已化為烏有，一氣之下把那瓶療病的藥草扔了，繼續她的行程，並預期會在每個路口處看見火葬的煙升起。結果，她發現自己的主人還活著，只不過體力正在迅速衰退中；他虛弱地問她藥草的下落，她淚如雨下地說出自己被騙的經過。

噶哈巴自知只剩七天可以教導弟子，之後就要離開這個業力所感得之身而前往空行淨土。他教他們如今稱作「斷頭金剛亥母」的成就法。

在他呼出最後一口氣之後，邦娣遍尋天上、地上、地下三界，想要找出害死噶哈巴的世間空行母。

終於，她發現她的獵物躲在香巴拉樹的樹枝上。邦娣立刻抓起女巫的腳，將她甩到地面上，然後對她施以非常可怕的咒語，直到今天，女巫仍然處於繼續腐蝕的狀態中。

28 阿欽達（Acinta）

貪財的隱士

大手印無相、對境。
諸法於此皆成為
智慧以及淨覺性。
於其中，
十萬妄念皆為空。
諸現實皆大手印。

大手印乃無形色、無對境。
在其中，所有現象皆成爲
智慧與清淨覺性。
在其中，
十萬妄念都是空。
所有現實都是大手印。

很久以前，在丹尼魯巴（Dhanirupa）有一個人，他窮到連下一餐在哪裡都不知道。但腦中的妄想卻豐富得很；實際上，他所有的念頭都圍繞著一個無法達到的目標——要變得有錢。

這個執念令他倍受折磨，甚至到了不能容許別人干擾他做白日夢的地步。於是他搬到森林裡，自己造了一間小屋，在裡頭做他的發財夢。

有一天，瑜伽士岡巴拉偶然來到他的小屋。他們一起分享簡樸的一餐，阿欽達開始對訪客說出了內心話。

岡巴拉說：「看來，你已經成功逃離了人群；但是，你的想法有改變了嗎？」

這位隱士長嘆一聲，說：「很不幸，並沒有。我還是非常希望變得有錢，但如果去除這個想法，我的心就會空蕩蕩了，因爲我腦子裡只有這件事。你知道能如何擺脫這個愚昧的想法嗎？」

瑜伽士回答：「方法是有，如果你答應照我說的去修，我就教你。」

隱士發誓會老實修行，上師便賜予他勝樂金剛灌頂。然後爲他唱實修之歌：

欲望乃　　　　　　欲望有如
石女之子，　　　　不孕婦人之子，
為使自心離欲望，　要讓你的心從欲望解脫，

觀想汝身如天界，　就觀想你的身體如天界，
諸念想　而每個念頭
如穹蒼星。　如天空星辰。
彼時財神將親臨，　屆時，財寶天神將會親臨，
滿汝所求一切欲。　而你的一切欲望便會圓滿。

隱士在孤寂的森林裡，按照上師的教導修行。當星星閃爍的光芒充滿他的內心時，再也沒有空間留給黃金了；他的執念完全消失，與星星一樣，融入廣闊無涯的天界，他已沒有念頭。

他找到上師，說自己的心已經空了，於是岡巴拉爲他唱另一首歌：

何謂蒼天之自性？　天空的自性爲何？
怎能依此而造作？　你能拿它作什麼？
豈能對此有欲望？　你怎能對它有欲望？
豈能甚至作意想？　你怎能甚至想到它？

當隱士領悟偈中深意時，他證得大手印成就，並且以阿欽達上師聞名，意思是「無念的上師」。

在長達三百年的光陰裡，他無私地教導無數的弟子如何了悟究竟實相。當時機來臨，他即身飛升並進入淨土，弟子們也隨同他而去。

29

巴札巴（Bhadrapa）

高傲的婆羅門

迷妄之見，
唯空性淨見能淨。
迷妄之行，
唯思惟慈心能淨。
禪修能致使了悟
萬法合一之實相，
一味遍在即果位。

迷妄之見只能由
空性淨見來淨化。
迷妄之行只能由
思惟慈心來淨化。
禪修能使人了悟
萬法合一之實相，
「一味」之遍在，即是目標。

很久以前，在瑪尼達拉王國（Manidhara）住著一位舉止合宜、講究原則，且擁有不爲人知之財富的婆羅門。他持戒精嚴，不僅不食豬肉或味道強烈的飲料，就連這些字眼都不曾從口中吐出。只要是有他在的地方，從不允許附近有正值月事的女子出現，唯恐會受到染污。他也不想冒著動手勞役或接觸不淨物的風險，以免破壞儀軌的純淨性。

然而，儘管他擁有社會的財富地位，以及嚴謹的持戒行儀，仍然很在意別人的眼光及看法，執迷於保持自己光潔無染的形象。

有一天，貴族朋友都外出行持沐浴儀式，只剩他獨自一人在家。這時，一位蓬頭散髮的瑜伽士來到他的門口乞食，他不得不親自開口對那人說話。

他極度恐慌地想在別人看到之前打發那名托缽的人，便跑到瑜伽士面前揮手大聲說：「出去！出去！你不乾淨。你把我的房子弄髒了！」

瑜伽士冷靜地問道：「你所謂不乾淨是什麼意思？」

婆羅門以嘲諷的態度打量這位不受歡迎的來者，說道：「我所謂不乾淨，是什麼意思？我說的是經年不洗澡、穿破衣爛衫、拿人顱當碗，而且聞起來像腐爛的垃圾。你顯然是來自賤民階級。請在我的朋友們看到你之前，趕快走吧！」

瑜伽士絲毫不為所動，站在原地盯著婆羅門，輕聲地說：「那並非不乾淨。讓我告訴你什麼才是不乾淨——惡毒的身、語、意不乾淨，內心的微細煩惱不乾淨，這些都不能用淨身的儀式去除；肥皂無法洗淨心靈，只有上師言教的清淨沐浴，才能洗去這些不淨。」

眼見婆羅門認眞聆聽，瑜伽士爲他唱道：

至高之者唯菩薩，
非祭司亦非國王。
復經反覆之搓洗，
無法潔淨身語意，
唯傳承師諸教誡，
能賜無比之清淨。
富翁乳酪醍醐宴，
無一嚐得無上味，
唯此無欲於宴桌，
方為首善之珍饌。

至高之者既非祭司、亦非國王，
而唯有菩薩。
無論再多次的搓洗，
都無法潔淨身、語、意，
而唯有傳承上師的教誡，
能賜予無比的清淨。
任何富人的乳、酪、凝酥之宴，
都嚐不出無上之味，
唯有無欲，
才是餐桌上的最佳菜餚。

婆羅門對瑜伽士的信心越來越強，於是祈求他賜予教授。

瑜伽士只是回答：「給我食物，我就教你。」

婆羅門同意說：「好的。」但是他突然想起朋友們會怎麼看待這整件事，於是又附加了一句：「但是不要在這裡。我的朋友不信佛法，讓我上你家去聞法吧。」

「我住在墳場。」瑜伽士說著便轉身離開，走了兩步就停住，似乎沈思了一會兒後，他轉身向婆羅門，說道：「來的時候，帶些酒和豬肉。」

婆羅門嚇壞了，連忙說道：「我不能那麼做，讓別人看到怎麼辦？」

瑜伽士嚴肅地說：「你如果想得到教授，就照我的話做。」

婆羅門說：「好吧，但是要等天黑之後。」

瑜伽士聳聳肩，往外踏上塵土，便消失了。

婆羅門此時有些進退兩難。他思索著自己該要如何取得瑜伽士指定的那兩樣不可告人之物，而不造成社交醜聞呢？最後，他想到一個辦法，就是喬裝成賤民階級的僕人去買，這樣才不會引人注意。雖然這個想法令人嫌惡，他倒是成功辦到了。

天黑之後，他悄悄地帶著禁忌之物去到墳場。上師引他進入茅草棚內，然後做好晚餐並堅持婆羅門和他一起分享。之後，上師為他高貴種姓的客人灌頂，以其恩慈帶他進入了感恩之壇城。

接著就開始一連串破除婆羅門階級傲慢的修行，作為正見的象徵——弟子被要求清理上師的茅房，而這是一項迄今被他視為禁忌的工作。當他完成任務後，又被命令要調和泥膏，而泥膏通常為泥巴、糞便、白石灰的混合物，接著再以此重糊上師的茅棚。上師解釋，此為正業的象徵；而石灰的白色代表萬法為一的體性，也是正定的所緣❶。

當婆羅門完成所有事情並令上師滿意時，上師告訴他，所有這些行動都象徵修行的目標。婆羅門當下猛然明白見、修、行是一樣的，一切現象平等無二。就在彼時彼處，他棄捨自己的階級以及階級帶來的偏見，成為一位瑜伽士。

經過六年的禪修，他獲得大手印成就，並以瑜伽士巴札巴——即「吉祥之師」而遠近馳名。接下來的歲月，他無私地為他人服務。當時機來臨，五百名弟子與他一同進入了空行淨土。

譯註：

❶兩者皆屬八正道——正見、正思惟、正語、正業、正命、正精進、正念、正定。

30 噶拉巴（Kalapa）

俊美的瘋子

眼前眾人皆活於
全然徹底妄想中，
愚眾卻言瘋者吾。
然吾知治此妄者，
吾師妙甘露教也。

所有這些人都活在
徹底的妄想中，
但這些愚人卻說是我瘋了。
喔，但我知道能治此妄症者，
乃是我上師教誡之美味甘露。

噶拉巴全身上下都散發著善好與莊嚴，這是由於過去生曾修持忍辱與禪定的結果。他天生體魄強健、五官細緻，還有雙明亮深邃的眼睛，讓惹雅普（Rajapur）的人在街上看到都會駐足，在他走過之後則目瞪口呆。

他不像其他人那樣用自己的俊美面貌當作交易的手段，或爲自私的目的而操縱別人，這種注目只會讓他感到痛苦和難爲情。他逐漸相信沒有人看得見外表之下有血有肉的這個人，認爲自己是被慢慢減化，成爲僅僅是件藝術品。別人的眼光越是將他視爲非普通人，他就變得越是孤立退縮。

最後，他決定徹底出離世間，退避到墳場。那正是他的去處，他帶著最基本的個人用品，幫自己造了間小小的茅棚。

沒多久，他遇見一位也住在墳場的瑜伽士，兩人建立了友誼。

瑜伽士聽著噶拉巴的故事，覺得感興趣並且同情他。他告訴年輕人說：「我知道有個成就法，也許可以幫你解決這個困境。」

噶拉巴迫不急待地想要學習，於是他的上師便賜予他勝樂金剛灌頂，接下來則是禪修生起與圓滿次第的教授。前者讓他見到離於心意造作和成見的現象界，後者則使他了悟諸法自性爲空。

他很快就能同時禪修生起次第與圓滿次第，如此而有助於他了解一切顯相不過是心的作用，而且能減化成單一的念頭，而這也是天神觀照諸顯的方式。當他修成生起與圓滿次第時，也同時醒悟到自己已無分別的妄想，他與其他人乃無二無別。

由於他不再有成見與情緒的執取，便自然流露出不羈的行爲。感知的大門敞開了，他開始不加節制，甚或無視社會觀感地表達自己的感受與傾向。

惹雅普的居民對於這種不受預設立場羈絆而直接體會實相的境界，並不了解，他們的反應是錯愕的。他們喊道：「可別又來一位瘋聖啊！」

此時，這位神聖的瘋子唱道：

焦慮之根埋於妄——
妄想眾生無一餘，
皆為自身之孤島，
彼此隔閡且孤單。
若要解脫此等苦，
當觀自心之造作，
視為不過單一念，

焦慮之根埋藏於如此的妄想之中——
認爲我們每個人
都是各自的島嶼，
人與人之間是孤單而隔離的。
若要解脫這種痛苦，
就要將自心的運作，
視爲只不過是單一的念頭，

猶如天神眷屬眾，
彩虹杳於天際時，
消融進入阿（ཨ）音中。

生住滅於此瘋者，
已無掌控之勢力。
彼之自在流露行，
淨樂也；
了悟無礙之明性，
淨樂也；
禪修無阻感官境，
淨樂也；
毫無勤作致標的，
淨樂也。

好似天神的眷屬眾，
在彩虹逝於天際時，
消失而入於「阿」（ཨ）音中。

出生、活著、死亡，對這個瘋子而言，
已失去掌控之力。
他自在流露之行
即是淨樂；
了悟無礙的明性
即是淨樂；
禪修無有阻障的感官對境
即是淨樂；
毫不費力而達到目標
即是淨樂。

說著，便騰空飛起，直至七棵棕櫚樹之高而飄浮空中，在眾人驚訝的目光下，演現許多奇蹟以展示他對各種元素的控制能力。

從此之後，他以瑜伽士噶拉巴而遠近馳名，當時機來臨，即身進入了空行淨土。

31

布蘇庫（Bhusuku/Santideva，寂天）

懶惰的僧人

吾於輪迴疏離佛，
僅為遍嚐諸味活。
了悟使輪涅合一於大樂，
吾遂閃耀如汪洋之珍寶。

輪迴中，我疏離了佛陀，
只爲遍嚐諸味而活。
其後，了悟使輪涅於大樂合一，
我便如同大海之珍寶那般閃耀。

這位皇族當中最小的兒子，來到聞名的那爛陀大學，領受了大眾部的戒律。但他是個極受寵愛的孩子，要他放棄以前的行徑，不只困難，更不合理。當同行僧人在讀書時，他偷懶躺在床上；當同行僧人長時間禪修時，他卻爲了幫助消化而在寺院的花園蹓躂。他另一個最大的樂趣是在用餐時間，細細地品味五瓢飯的每一粒米。

他的懶散激怒了同行道友，他們開始叫他布蘇庫，意即「懶惰蟲」。他們毫不留情地在背後說他閒話，當面的言語亦不客氣，並希望他盡快得到應有的懲罰。

那爛陀的慣例是全天候唸誦經典，早、中、晚每天二十四小時，四季不間斷。爲了保持這項傳統，每個僧人都要輪流坐到寺院的法座上，在傘蓋下背誦他所熟記的經文。每個人都要輪流，無一例外，當然除了布蘇庫。因爲他什麼也沒記住，所以經常錯過。在如此神聖的學府，因爲這件事所累積造成的煩惱與敵意，可說是令人吃驚的。

終於，布蘇庫令人反感的行爲招來住持的嚴重警告。他被告知除非改過自新，像其他人一樣輪流上法座背誦，否則將被逐出寺院。爲數不少的僧人聽了之後掩嘴偷笑，顯然期待他在眾人面前出糗。

布蘇庫爲自己辯護，說道：「我又沒有破戒，只不過書讀得不好。難道這樣就可以作爲驅逐我的理由嗎？」

住持非常堅決地表示，明天一早輪到他的時候，如果依然錯過背誦的時機，他就會被趕出去。僧眾顯得很開心，七嘴八舌地傳著關於某個沒用的懶骨頭馬上就要垮台的八卦。

儘管住持發出這樣的警告，實際上卻十分仁慈，他對這位不守紀律的壞傢伙還是相當心

軟。那天晚上，每個人都睡了，還做著明天有好戲可看的夢，住持來到布蘇庫的寮房，想要給他一些忠告。

住持說：「兒啊，你這下子麻煩大了。你只花時間顧好自己的胃口，又如此懶散，一本經書連幾行都沒學好；你明天一定過不了關，除非你能照我說的話去做。」

布蘇庫在住持的腳下頂禮，祈求他的幫助：「任何事都行，方丈，只要您說，我一定照做。」

「很好，」住持還嚴肅地加了一句：「但是你今晚可沒得睡。」

「沒問題！」出家人學乖了。

住持說：「文殊菩薩是大智慧者。你現在唯一的希望就是徹夜持誦文殊菩薩心咒『阿惹巴匝那』直到雞鳴，然後祈求會有好的結果。」接著給予布蘇庫文殊成就法的祕密教授和加持咒語，然後留下這位追悔者，以及他該做的事。

布蘇庫很清楚自己的弱點，於是他用一根結實的繩子把自己的衣領綁到天花板上，以防中途打瞌睡。整夜，他不停地持誦文殊心咒，一遍又一遍，直至疲乏到呈現昏迷狀態。

就在破曉之際，他的寮房突然一片光明。布蘇庫驚醒過來以爲天亮了，而他依然沒比昨晚多聰明一分。就在這時，天花板上傳來一個莊嚴而低沈的聲音：「你以爲你在幹什麼！」

筋疲力盡的僧人抬起頭來，看到一個巨大的形體飄浮在頭頂上方，說道：「你是誰？要做什麼？今天我要背一部經，所以我正在祈求文殊菩薩的幫助。」

這位不尋常的客人說：「你的問題眞蠢，你花了大半夜，不就是在祈求我？」

僧人大吃一驚，整個口吃起來：「你，你……你是文殊菩薩！」

文殊菩薩回答：「正是。告訴我，你的希求是什麼？」

僧人本想撲倒地上行大禮拜，無奈衣領還吊在天花板上，於是他雙手合十表示恭敬，說道：「祈求您，偉大的怙主，懇請賜予令我證得圓滿智慧的所有功德。」

文殊菩薩說：「沒問題！叫到你的名字時，你就背你的經。」然後，文殊菩薩就像來時一樣，瞬間消失了。

風聲傳得很遠，大家都說就在今天布蘇庫要出醜了。於是德瓦帕拉國王和整個朝廷都來看好戲。法壇上高高堆滿所有訪客帶來的芳香鮮花。

當布蘇庫抵達大殿時，群眾已按捺不住而各自竊笑並交頭接耳，所有人都迫不急待等著看笑話。大家興趣盎然地看著他自信滿滿地走完通道，登上法座。他要求要有僧人的傘蓋，然後自己結跏趺而坐。他沈著地環顧四周，耐心地等待觀眾安靜下來，直到大家的注意力都集中在他身上。驀地之間，他從法座上騰空而起，身體開始放光，強烈的光芒充滿整個大殿。

那些來看笑話的人都目瞪口呆，說不出話來，彼此面面相覷而不可置信。

布蘇庫向國王致敬，問道：「陛下，我是背誦傳統經文呢？還是您想聽我自己的作品？」

國王開始微笑。他說：「我聽說你的飲食習慣極不尋常，而且你的睡眠和漫步習慣都讓同行大感驚歎。看來比較合宜的作法，是讓你維持一貫的獨創作風，你就唸誦自己寫的經文吧。」

當下，布蘇庫開始創作並誦出崇高而深邃的開示，也就是後來聞名的《入菩薩行論》（*Bodhicaryavatara*）。當他誦到最後一章——第十品時，身體高昇到七棵棕櫚樹之高的虛空中，令在座的大眾重拾了信心。

國王驚歎不已：「這不是布蘇庫，『懶惰蟲』，他肯定是偉大的聖者！」於是，他將僧人重新命名爲寂天，即「神聖的祥和」之意。

人們開始在他曾經踩過的地方撒花，學者專家們謙卑地希求他爲他的開示造論。寂天首肯了，但是當僧眾懇求他做他們的住持時，他則予以拒絕。

當晚，他將自己的僧服、托缽，和其他神聖器物放在法壇上作爲供養，然後悄悄離去。他於一處又一處的地方行旅，最後來到朵奇里（Dhokiri），一個有二十五萬戶人口的城市。他腰間配著一把木頭做的寶劍，外面塗著金漆。第二天，他來到朝廷，向國王頂禮，請求要當守衛皇宮的劍客。國王見他長得討人喜歡，當場決定僱用他，並且每天補貼他十妥拉黃金的可觀酬勞。

寂天忠誠地承事國王十二年，白天和其他士兵一樣生活，晚上則修行成就法，並時時觀照實相的究竟自性。每年秋天在舉行女神之母鄔瑪的慶典時，他也和其他守衛一起到廟裡，彷彿是個信徒一樣。

沒有人對他起疑，直到這天下午，那時，大家都在槍械部各自擦拭武器及修理器械。有個守衛仔細看了寂天的劍，發現那只是木做的。守衛心想可以從密告中得到好處，便立刻跑去向國王報告並且揭露這位騙子。於是，寂天被召到寶座前。

國王命令：「給我看你的劍！」

寂天說：「遵命，皇上！但是這會對你造成更大的傷害。」

國王下令：「照我說的去做！後果我自己負責。」

寂天伸手握住劍柄時，懇求說：「陛下，至少遮住一隻眼睛吧！」

國王和聚集在那兒的人都笑了，但也各自用手遮住一眼。當下，寂天拔劍出鞘，他將覺性之劍指向天空，一道如十個太陽般熾烈的光芒充滿整個房間，只要是沒有遮住的眼睛都被強光刺瞎了。在場所有人，包括國王在內，全部跪在寂天面前，祈求瑜伽士的寬恕與憐憫。

寂天逐一到每個人面前，從最低階的僕人開始，他在食指上吐沫，然後把有治療功能的唾液塗在每個受傷的眼睛上，大家都神奇地恢復了失去的視力。國王祈求他留下來做皇宮的祭司，但是寂天拒絕了，並在當天離開朵奇里。

他在有著天然地形保護的山區，找到一處洞穴中住下，修持自己的成就法好一段時間。但是附近獵人與樵夫始終對他深感好奇，並且經常盯著他的一舉一動。

有一天，一位皇家獵人來到宮裡，帶著國王餐桌上的罕見獵物，還特別表示他曾親眼看到寂天獵鹿，並把鹿殺了串烤來吃。

國王立刻帶大批隨從往山區出發，他要對這項嚴重的指控調查清楚。他們見到寂天面對一片空蕩蕩的岩壁，在一張鹿皮上禪修。

國王告訴瑜伽士他所聽聞的一切，又說：「是你教那爛陀的國王調伏慢心，是你讓我和朝廷所有人恢復視力，你有如此的能力可以任憑使喚，爲何還要傷害眾生呢？」

寂天說：「我不殺生，我治療牠們。」他把手往空中一揮，身後的岩壁打開了，從洞穴中跑出各式各樣的動物。牠們朝森林奔去，而且就在國王和隨從驚愕的目視之下倍數增長，直到遍佈整個山谷，接著就消失了，彷彿不曾存在。

寂天解釋：「一切經驗不過是夢境和幻相，要明白所有事物都缺乏實質，不過是虛構的想像、內心的投射。進入解脫之道吧！」之後他吟詠如下的偈子：

吾作野味之此鹿，　被我視作野味的鹿，
未曾存在於世間，　從來未曾存在於世，
然亦存在永不息。　但也永遠不停止存在。
若無所謂之實質，　如果沒有所謂的實質，
亦無獵人無獵物。　就不會有獵人和獵物。
此懶蟲實亦非吾。　這裡的懶漢也不是我。

當下，寂天改變了朵奇里國的信仰，並且安置所有的人民於眞諦之道。他忠誠地承事眾生一百年，而後飛升而入於空行淨土。

32

郭達力巴（Kotalipa）

農夫上師

樂苦皆為心所造，
是故遵循上師訣，
耕種自心見本性。
即使聰明絕頂者，
挖掘岩山永不停，
難察本然之大樂。
醒覺深處自心識。
暢飲六根欲樂流。

快樂和痛苦都是心的造作，
因此要遵循上師的口訣，
耕種自心以得其本性。
就算聰明絕頂的人，
在岩石大山上不停挖掘，
也絕不會發現本然大樂。
從自心深處讓心識醒覺。
大口飲下六根欲樂之流。

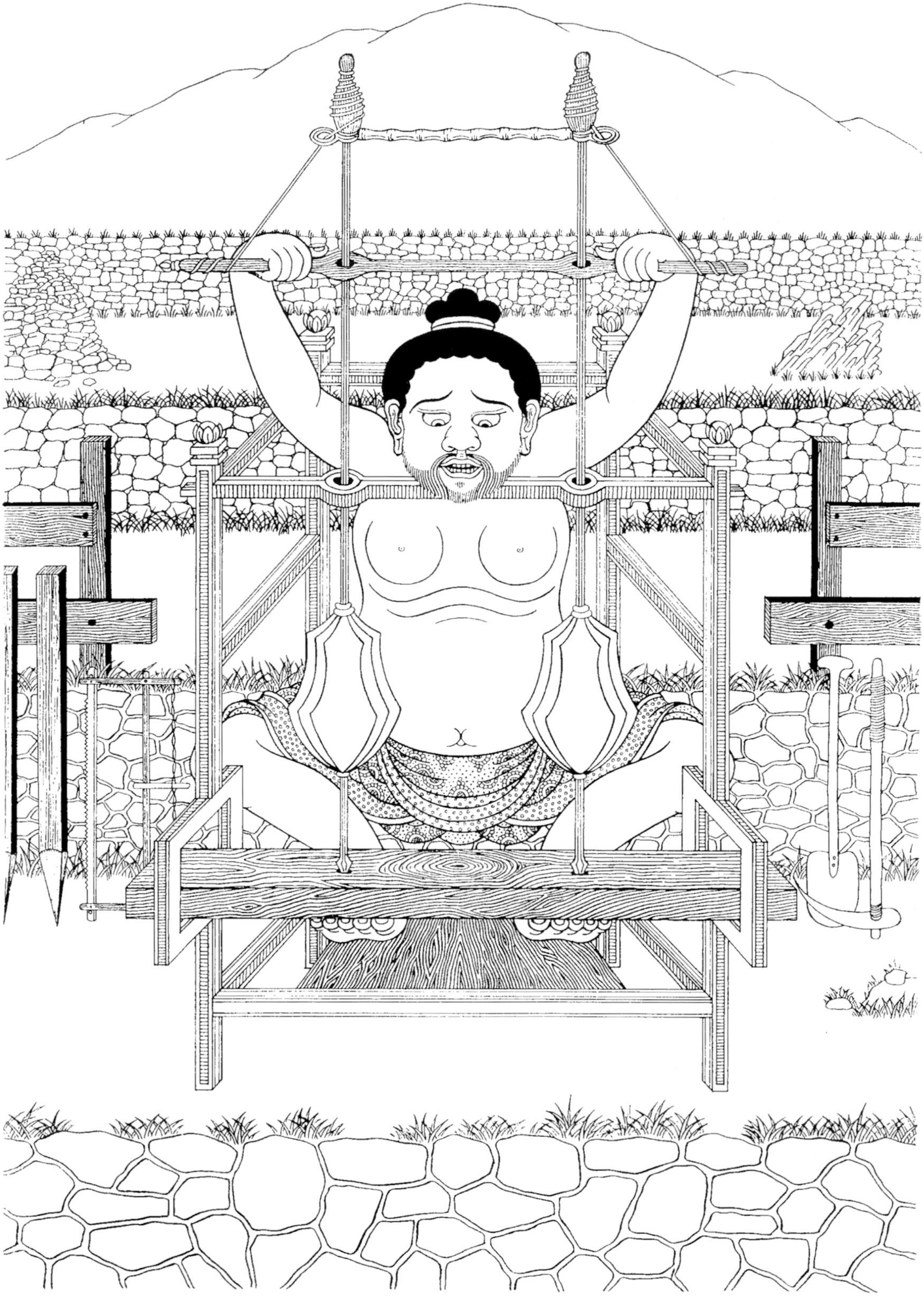

莫貼標籤安名言，
唯致焦慮故。
入定出定皆寬坦，
本然輕安中放鬆。

不要試圖貼上標籤、安立名言，
那只會帶來焦慮。
入定、出定，
在本然輕安的寬坦狀態下放鬆。

郭達力巴是個誠實善良的農夫，他任勞任怨、日復一日地在山邊犁地種樹；唯一的報酬卻是寒傖的生活。

有一天，他企圖將石塊挖成梯田，巧遇才剛改變斯里蘭卡人民信仰而正要返鄉的桑帝巴大師。

桑帝巴大聲問：「你是誰，你在那兒做什麼？」

郭達力巴深深地鞠躬並回答：「我是名農夫，正在挖這座山。」

大師又問：「爲什麼想在光禿禿的岩石上種東西呢？」郭達力巴悲哀地說：「我以前有一塊土壤肥沃的農地，但是正好在兩國交戰的路上。他們火燒村莊並劫掠殆盡，逼得村民只能逃離家鄉；現在只剩下這座貧瘠的山，但至少我們安全了。」

桑帝巴問：「如果有挖山的咒語和相應的教授，你願意照著去修嗎？」

郭達力巴回答：「尊者，我願意，我會完全照辦。」然後便很認眞地聆聽桑帝巴講授六波羅蜜多。

桑帝巴說：「雖然專注於肉體的痛苦也可以作爲禪修的所緣對象，但是若不了解心的眞正自性，這麼做也會變成死亡的陷阱。」

艱辛生計累汝身，　　你的身體已被生活的艱辛拖垮，
一直以來汝隨循　　　你一直隨順依循著
六顛倒業行之道：　　六種顚倒業行而爲：
挖地掘土為布施，　　挖地掘土以爲布施；
無有暴力為持戒，　　無有暴力以爲持戒；
忍受痛苦為安忍，　　忍受痛苦以爲安忍；
持續努力為精進，　　持續努力以爲精進；
不減精力為禪定，　　精力不減以爲禪定；

認知此道為般若。
此道原本具敵意。
必須棄捨而改修
六波羅蜜多之道。
虔敬上師為布施，
守護自心為持戒，
恆持心性為忍辱，
禪修心性為精進，
無散專注為禪定，
了知實相為般若，
修持此軌得解脫。

認知此道以爲般若。
如此業行之道其實是帶著敵意的。
你必須棄捨而改爲修持
六波羅蜜多之道：
虔敬上師乃爲布施；
守護自心乃爲持戒；
恆持心性乃爲忍辱；
禪修心性乃爲精進；
無散專注乃爲禪定；
了知實相乃爲般若。
修持此軌則將得到解脫。

郭達力巴請求上師給予更多明確的教授。

桑帝巴說：「首先，你必須全心全意地虔敬上師。心是一切快樂與痛苦的本源，因此你必須能夠認清它的自性清淨；心有如一座山，不壞、不變。要以光芒萬丈的慧力之鏟挖掘它。就像兩手可以同時做著不同但互補的事，挖山的同時，也要學著禪修心的眞實自性。」

若無此修軌，
掘山耗汝命，
且永難了悟
心性之淨樂。
故傾聽上師，
耕種自心山。

如果沒有這些修軌，
你可能就在此山上挖盡自己的生命，
而且永遠無法了悟
自心眞實本性的淨樂。
因此，要傾聽上師，
耕種自心這座大山。

郭達力巴在十二年間，以毫無散亂、心一境性的專注力，耕種大地以及自心，因而獲得成就。經過無數爲利益有情的無私行誼之後，他進入了空行淨土。

33

因陀羅菩提（Indrabhuti）

證悟的國王

若無任運恩德之火花，
於最恰當時刻而出現，
瑜伽士即無能達覺悟。
圓滿大樂與佛陀無別。
故當切斷貪執之繫縛，
轉而感受大樂之盈滿。

如果沒有任運的恩德火花，
在最爲適當的時刻出現，
瑜伽士的覺悟永遠不會發生。
圓滿大樂無別於佛陀。
故當切斷貪執的繫縛，
體驗大樂的充滿。

烏金爲空行之地，但分爲兩國。因陀羅菩提王統治有二十五萬戶的桑伯拉（Sambhola），賈蘭卓王（King Jalendra）則統治同樣戶數的藍卡普利。兩國唯一的區別是因陀羅王的家族信奉佛教，另一個則信奉婆羅門教。兩國國王都努力保持雙方的和平關係，也都認爲聯姻將有助於國與國之間的和諧。

因陀羅王正好有個七歲的妹妹，在各方面都顯現出美麗與智慧。有所耳聞的賈蘭卓王便派遣使者，帶著豐厚的禮物前往鄰國，懇求將這位拉絲敏卡拉公主嫁給他的獨子。儘管彼此信仰不同，但這點從來不曾介入兩國的和平關係，於是雙方便依預期而決定了這場皇室婚禮。

正式訂親之後沒有多久，上師拉瓦帕（Lawapa），又稱岡巴拉，剛好遊方至桑伯拉。他被召入皇宮，給予國王的妻妾和小公主修行教授；這讓拉絲敏卡拉留下深刻印象，於是她開始熱切地依照教授修行。

一年之後，對方前來迎親。所有桑伯拉的人無不驚歎那位鄰國王子的龐大隨從眾，以及大象、駿馬、金子、銀子、珍貴的珠寶等那些從藍卡普利帶來的美妙禮物。兩位年輕人會面的時間非常短暫，王子則被告知，公主年紀還太小而不宜離開熟悉的環境，於是他空手而返。賈蘭卓王雖然頗感意外，但仍接受了這番說詞，並未對這次的婚禮計畫繼續施壓。

直到公主十六歲時，他派遣另一支壯觀的迎親隊伍，帶著比之前更華貴的禮物準備迎娶公主。

這期間，公主一直在修持她的成就法，對於將要開始的新責任十分不悅。事實上，當她抵達尚屬閉塞無知的藍卡普利國的那一刻，便無法抗拒地對世間一切生起強烈的嫌惡之心。她在某個深夜逃出王宮，進入深山，並在洞穴裡住了下來。

當時機成熟，身為瑜伽女的公主獲得最高的了悟——大手印成就。她即刻回到王城，開始向賈蘭卓王的掃糞者和王國中其他的賤民種姓者宣說佛陀言教。經過多年無私地服務，她飛升而入於空行淨土。

這是後話，且讓我們回到年輕新娘初次抵達新家的日子，她那些無法無天的行止震驚了朝廷和整個國家。賈蘭卓王立即遣使，請求因陀羅菩提王協助規勸他的妹妹。

然而，藍卡普利傳來的消息卻讓國王感受到近乎羞恥的不足感。他自忖：「我的小妹已經證得佛位了，而我又做了什麼呢？一直以來，我都在安逸的環境下過著自滿的生活。妹妹已經領會了存有的奧祕，而我做的只是統治這個國家罷了；現在我完全明白，統治的重擔必定是我個人業力所招致的一種懲罰。」他決定放棄王位，追隨妹妹的道路。

因陀羅菩提王在兒子的加冕典禮之後退隱世間，搬到一間小宮殿，在那裡花了十二年的光陰修持成就法，祕密地成就了大手印。

有一天，他的兒子前來探望，隨行的還有幾位十分敬愛老國王的人。在他們即將進入那間小宮殿時，一道洪亮的聲音在他們頭頂正上方響起。當他們抬頭一看，吃驚地發現因陀羅菩提王坐在雄偉的寶座上，飄浮於空中。

所有訪客都欣喜萬分，彷彿自己證得初地菩薩那般，他們紛紛向他頂禮。國王一直身處空中達七天之久，賜予兒子以及老朋友們「不可思議之甚深大法」的教義。

到了第八天晚上，國王在七百名弟子的陪同下，即身進入了空行淨土。

34

賈蘭達拉（Jalandhara）

空行所中意的人

令加持於內生起，
從欲色無色三界
聚集諸想法概念
入身語意清廣境：
一切顯相之為身，
聲波淨相之為語，
清淨心識之為意。
將其納入三脈中：
陽脈拉拉那主體，

讓加持於內在生起，
從欲界、色界、無色界
聚集所有想法、概念
入於身、語、意的清澈廣境中：
一切顯相之爲身，
各種聲波與清淨色相之爲語，
清淨心識之爲意。
將其納入三脈中：
陽脈拉拉那（lalana）之爲主體，

陰脈惹薩那客體，
收於中脈遍攝心。

陰脈惹薩那（rasana）之爲客體，
其後全數收攝於中脈（avadhuti），其爲涵納一切之心。

賈蘭達拉是個婆羅門，住在特克哈拉城（Turkhara）。他的靈性層次很高，當他的心識修得越來越精微時，對於周遭所見到的生活就越來越嫌惡。有一天，他離開舊有的生活和擁有的一切，搬到了墳場，並且坐在樹下開始禪修。他很快就進入大樂的定境，還聽見空行母從天空中向他說話。

有個甜美到難以形容的聲音說：「尊貴之子，願你了知究竟眞理。」這讓賈蘭達拉感到喜出望外。

他曾日復一日地向空行上師祈求，如今，上師竟然顯現在他眼前，這怎能讓他不驚訝！她給予他喜金剛灌頂，以及圓滿次第的修行指導：

「聚集所有感知，無論是內在和外在現象、三界、各種形色的顯相世界，都將它們置於身、語、意的微細層次上。

「接著，將所有的想法，所有關於身、語、意的心意造作，全數收攝於陽脈拉拉那和陰脈

惹薩那中。接著，超越這類微細的二元分別，進入中脈阿窪都帝的淨覺。將你過去種種感知的陳腐廢渣，透過頂輪囟門（梵穴）排出。

「從那一刻起，全然觀修顯相與空性的無二無別。」

然後她對賈蘭達拉吟誦以下偈子：
諸般關於現實之念想
皆集聚於身語意之中，
拉拉那白與惹薩那紅
注入清淨阿窪都帝裡，
透過千瓣蓮花之花心
將此所有殘餘物排出，
彼時清淨瑜伽虛空中，
了知空性為無上大樂。
當你所有關於現實的想法
都集聚在身、語、意之中，
當拉拉那與惹薩那的白紅之流
已注入清淨的阿窪都帝裡，
當透過千瓣蓮花之心
將所有殘餘物都排出，
那時，在清淨瑜伽的虛空中，
了知空性乃是最崇高的大樂。

保任此——

試著保持此

淨樂大貪之無別雙運。

淨樂與大貪之無二無別雙運。

賈蘭達拉按照空行母授戒師的指示禪修七年。最後，他證得大手印成就。多年之後，在無私地幫助無數的眾生之後，他以肉身與三百弟子一同進入了空行淨土。

35

畢克薩那巴（Bhiksanapa）

二齒的成就者

有如行走鋼索者，
上瑜伽士以平衡，
行走高空之索上，
智慧方便二股繩，
織結雙運之淨樂。
遵循上師教誡跡，
吾獲致了悟聖殿，
無可比擬難通達。

有如走鋼索的人，
上等的瑜伽士以完美的平衡
走在高空之索上，
繩索有著智慧與方便這兩股
進而織結成雙運的淨樂。
遵循上師教誡的足跡，
我獲得無可比擬且難以通達的
了悟之聖殿。

很久很久以前，有一位住在帕達里普卓（Pataliputra）的賤民，在這一天碰到好運了。他意外獲得一小筆遺產，這是一位年紀很大的親戚死後留給他的。

他長久以來一直渴望很多東西，於是便開始瘋狂作樂。他活得像沒有明天似地，被欲望之風吹著跑，一下子酒館設宴，一下子整套新衣，到哪裡都呼朋引伴，讓大家一起幫他花錢。比眨眼更快的功夫，他花得只剩下空空的口袋、空空的肚子，連朋友也沒了。

好了，他現在只剩下討飯一途。於是，他從這一城到下一城，只爲了找些殘羹剩飯。有一天，他運氣實在是糟糕透頂，肚子似乎不可能再有飽足的機會了，於是他遊蕩出城，走進叢林深處一個遙遠孤寂的地方，在那兒隨心所欲地沈湎在悲情中。

他在那兒坐著怨天尤人，直到一位空行母開始對他感到同情。她出現在他面前，盡顯光華，幾乎把這位可憐人的魂都嚇飛了。然後她用最甜美的聲音，溫柔地詢問他在煩惱什麼，他才鼓起勇氣把發生在身上的事告訴她。

空行說：「我有方法能滿足你的欲望。」

他祈求著：「那就請、請妳教我，我已經走投無路了。」

她問：「那你要拿什麼回報我呢？」

他渾身上下找不到東西可以給她，只剩下幾塊破布。然後他突然冒出一個奇怪的想法。當下他用所有的力氣咬緊牙關，讓上下齒完全密合，然後把自己僅有的幾顆牙齒全數敲下來獻給空行母做供養。

這顯示他有能力生起卓越不凡的想法，他的行爲展現了大樂與空性的雙運，也就是空行與上師之舞。空行母當場爲畢克薩那灌頂，並賜予修持智慧與方便雙運的教授。

畢克薩那經過七年的禪修，見到了智慧與方便雙運的眞諦，並在其心相續中生起了諸佛無有竭盡的善德和力量，因而證得了果位。世人稱他爲「二齒之成就者」，他繼續漫遊於村落城鎮之間乞討食物，只不過現在則是爲了那些具器而能受教之人所做。經過很多年之後，他進入了空行淨土。

36

岡塔巴（Ghantapa）

獨身的僧人

引發內在之加持
便應收攝此三脈——
拉拉那惹薩那阿窪都帝。
獲得內在之了悟
便應關注此三事——
上師之指導，
自心之本性，
現象之清淨。
若要引發內在的加持
就要收攝此三脈——
拉拉那，惹薩那，阿窪都帝。
若要獲得內在的了悟
就要關注此三事——
上師的指導，
自心的本性，
現象的清淨。

岡塔巴是那爛陀國王之子，但是他放棄王位，成為僧眾大學一位有名氣、有學問的僧人。幾年後，他棄捨寺院生活，成為一位遊方瑜伽士。他在遊歷途中遇見上師達利噶巴（Darikapa），接受灌頂並進入勝樂金剛壇城。

他遵循上師的教授，行旅到巴連弗邑，那兒的德瓦帕拉國王統治三百一十萬戶人家。僧人於皇宮與叢林交界處一棵蔭影寬大的樹下居住，在那兒乞食並修持成就法。

德瓦帕拉國王本身就是個虔誠的人。多年來，他在王國境內接待了數不清的僧人及瑜伽士，但雖然做了這麼多的善行，他仍然覺得自己還沒為來生累積足夠的福德。這件事深深困擾著他，以至於妻子都來問他是否生病，需要請宮廷的醫生來看看嗎？

他向妻子傾訴自己靈性上的難處並尋求她的意見。他的妻子想了一會，然後欣然拍手道：「你今天告訴我這些都是業力因緣啊！我剛剛得知有位持戒精嚴的聖者已經來到了我們國家。他把坐墊放在城市邊緣的一棵樹下。」

國王不以為然：「可是，親愛的，我已經護持了非常多位聖者，但是內心依舊不平靜。」

王后堅持：「這一位不一樣，我從骨子裡可以感覺得到。現在重要的是，讓他在王宮住下。有他每天從旁指導，你一定很快就能得到最高的成就。既然他隨身之物只有袍子與幾樣必需品，還必須每天乞食，我們何不為他舉行一場盛大的饗宴作為供養？」她越想得意，立刻開始擬菜單：「八十四道最罕見的咖哩主食；十四種最可口的甜品；上好的葡萄酒和五種飲料。那可是供養眾神的等級了，他一定不會拒絕我們的熱情款待。」

國王是最慷慨的人，這個主意非常合乎他的心意。第二天早上，他派侍者前去邀請岡塔巴到王宮來。但出乎眾人意料，岡塔巴拒絕了，於是使者空手而返。

第二天，國王在大群隨從陪同下，親自來到大師的樹下。國王向岡塔巴頂禮，然後以最具說服力的言詞祈請他到王宮來。

岡塔巴說：「我昨天已經回答了，你何必再來一趟呢？」

國王答：「我前來獻供，同時也讓您知道我迎請的誠意。」

岡塔巴尖銳地說：「我是不會去的，因為你的王國充滿邪惡。」

國王非常震驚，心想，難道自己過得不是堪為表率的生活嗎？然而，他還是堅持：「我祈求您包涵，請來宮中和我們住一年吧！」

岡塔巴再次拒絕。國王一再退讓，表示要改成六個月，然後三個月、兩個星期，最後是一小時。

「不去、不去、不去！」岡塔巴堅決地說：「你的每個動作、每個行爲、每個想法，甚至每句話都充滿罪惡。留著你的盛宴和世俗享受吧！我是不會接受的。」

往後的四十天，國王每天都會回到岡塔巴的樹下，再次邀請他來宮中，但這些都遭到岡塔巴的拒絕。

最終，國王和王后逐漸感到自尊受到了傷害，開始憎恨岡塔巴。過去，他們只聽到人們說他有多好，現在，他們只希望聽到他的惡行。

恨意在心中燃燒，國王下詔書到全國各地：「如果有人能證明這個自吹自擂的僧人其德行與持戒都是假的，將得到我一半的王國，以及一百磅重的純金。」

皇族的這一道憤怒之令，剛巧落到達瑞瑪（Darima）的耳朵裡，她是巴連弗邑有名的交際花。達瑞瑪可說是世上最狡猾的妓女，當她聽到這份聲明時，她看到自己發財和掌權的好機會來了。

她穿上最好的衣服，在一群僕役的陪同下，進到王宮要求晉見國王。

「陛下！」她說：「您最深切的願望即將實現。我毫不懷疑自己具有這種能力，可讓這位討人厭的僧人垮台。」

國王回答：「那就盡全力去做吧！」同時自己也不禁被她的美貌和聰明所折服。

但是達瑞瑪比國王想像得還要狡猾。她想的可不是把自己獻給僧人而已。喔，她袖裡另有玄機。達瑞瑪有個十二歲的女兒，依然是處子之身，她有著光華四射的美麗容顏，走路姿態誘人、說話甜蜜機巧、身材胸豐臀肥，連太陽看到了都要駐足一會。達瑞瑪的盤算是要靠著女兒驚人的感官之美與質樸之純來誘拐僧人。

話說，達瑞瑪連續十天，每天清晨去拜見岡塔巴。她每天向他頂禮，然後繞行數匝表達敬意。九天當中，她什麼也沒說、什麼也沒送，只獻上自己的虔敬心。到了第十天，她祈求道：「請容許我在雨季結夏閉關的期間，做您的護法。」

岡塔巴如同拒絕國王一樣拒絕了她。但是達瑞瑪日復一日地在太陽才剛昇起時就到達，如此持續一個月，直到天空的雲朵開始聚集。她說自己只不過想提供她的住處而已。終於，岡塔巴看不出來這有什麼害處，便答應了她的請求。

達瑞瑪回到住處，無法抑制心中的雀躍。她決定爲即將到來的成功慶祝一番，便邀請她所有的朋友與客戶來共享盛宴。那晚作樂之餘，她不斷輕輕對自己哼著小曲：

性愛是她經久不衰的武器，
女子的詭計實現她的願望。
狡猾如我者能誘惑全世界，
僧人再神聖也只是個男人！

雨季來臨，岡塔巴退隱到達瑞瑪為他所蓋的小關房，位置是在她產權所及最遠之地的叢林和道路接壤處。謹慎的僧人堅持只能由男性僕役為他送食物。達瑞瑪說她會謙卑地依約而為。於是，頭兩週，她就讓僕役送些簡單的米飯和清涼的泉水。

到了第十五天，她準備豐盛的大餐，並把女兒叫到房間，幫她穿上公主的絲綢首飾，然後吩咐她去伺候大師，隨行的還有如火車般一長列、捧著各種珍饈的五十名僕役。這些男眾把餐飲送到大師茅棚前的空地，然後折返，留下香氣四溢的美食和這位玲瓏有致的童女站在岡塔巴面前。

「妳是誰？」看到這份光景，岡塔巴狐疑地問。

美麗的女孩說：「今天就由我來伺候您，僕役們有更緊急的事需要處理。」她的聲音與舉止甜美誘人。接著，她給他一點點這個、一點點那個，想辦法逗留到午後的雷雨雲聚集。

岡塔巴嚴肅地命令：「妳現在就必須要離開！」

「喔，求求您，尊者！」她一邊說著，一邊發愁地窺視天空。「我看到了五色雲，肯定隨時要下傾盆大雨，而附近的幾里路上，只有這裡是唯一的遮蔽。」

天空彷彿得到暗號似的，雷電開始交錯，暴雨急速刷落。僧人在不情願之下，勉強同意她在茅棚避雨，但必須保持距離才行。

暴雨直到太陽下山才平息，而這段期間，她不斷地對毫無戒備的僧人施以羞澀的微笑與溫柔的紅暈。

但這些都還是起不了作用。雨一停，岡塔巴就命令她回家。

她顫抖地用睜大的眼睛，充滿恐懼地說道：「好的，先生。您應該不會在天黑時讓我一個人上路吧？強盜與土匪肯定會爲我這一身的珠寶割了我的喉嚨。」

她的恐懼並非毫無根據，岡塔巴便允許她睡在小屋外頭。但是到了半夜，周遭陌生的環境讓她越來越害怕，她用甜美而哀怨的聲音求他保護。岡塔巴無奈地嘆了一口氣，再度允許她進到屋裡。

茅棚裡的空間非常狹小，兩人睡得煩躁不安。不可避免地，他們的身體因而碰觸，然後四肢交纏，沒多久，他們經歷了四喜，跨越了解脫道而達到極致。

在過去的六世當中，同樣是這位女孩導致僧人的墮落。她曾六度讓他犯戒，但那時僧人的心尚未得到淨化，還沒有去除是非淫渭的遮障和主客分別的眼翳。然而，這一生，他已經獲得眞實之道，這種染污早就消融於空性的無盡廣界中。

到了早上，岡塔巴要女孩留下來和他一起生活，她同意了，於是他們變成了瑜伽士與明妃。然而，由於她過去六世之中對他所做的承事，這位明妃心上的染污也同樣得到淨化。

一年之後，他們的孩子出生了。

這段時間，國王對於擊敗這位聖者般的僧人越來越沒耐心。他不斷送訊息給達瑞瑪，要求知道她有無任何進展。但是謹愼的交際花知道要怎麼伺機而爲。三年來她給國王的答覆巧妙地結合了閃爍其詞和成功在望的誘惑。

她的密探毫不間斷地回報小屋裡的情形。終於，達瑞瑪覺得時機成熟，她告訴國王甜美的復仇果實肯定是他的了。

國王喜出望外，他那不合常規的道德感即將得到舒緩，因爲那位比誰都聖潔的僧人將得到應有的懲罰。國王說道：「送個口信給妳的女兒和那個僧人，告訴他們我三天之內會去拜訪。」

當他們聽到消息時，女孩非常害怕會受到眾人的輕蔑和辱罵，她也擔心孩子的安全。岡塔巴問她是想留下來面對，或是離開。她請求他和她一起逃走，他同意了。

到了約定的那一天，國王聚集了境內所有人民一同前來見證僧人的墮落。國王跨上披覆華麗裝飾的大象走在前頭，後面跟著一長列嘲笑起鬨的忠誠人民，一同往瑜伽士的小屋前進。

同一時刻，岡塔巴和他的明妃準備離開。瑜伽士將小孩藏在他的袍子裡，腋下夾了一罈酒，然後帶著妻子出發，後者則攜帶少數幾樣家用品。

唉呀呀，他們沒有聽到烏合之眾逼近的聲音，當他們在路上拐了一個彎時，迎面正好碰上國王和一大群人。

國王品嚐著復仇的甜美滋味，從高高在上的皇家坐騎，往下看著這對準備逃走的夫妻。他以如雷貫耳的聲音權威地問道：「你帶了什麼，袍子裡藏了什麼？這個女孩是誰，爲什麼和你在一起？」

岡塔巴在路當中站住。他直視國王的眼睛，用兩倍大的聲量說道：「我帶了一罈酒。」

眾人倒抽了一口氣。

他用手臂圈住女孩，說：「這是我的明妃。」

此時，群眾開始詛咒這個小家庭，並且叫喊著要施以各種懲罰方式。但是國王舉起手來，示意要大家安靜。

「原來，」國王細細品嚐著每一刻，「那個因爲我是罪人而拒絕到我宮殿來的出家人，卻有妓女的女兒做愛人，不僅和她生了個私生子，而且居然還喝酒！」

岡塔巴平靜地回答：「我並無過失，你爲何要侮辱我？」國王再次重述他的指控。同樣地，群眾又開始發出噓聲。

兩方僵持到了最後，岡塔巴猛然把兒子和酒罈用力摔在地上。這個動作嚇壞了大地女神，以致大地因恐懼而震動，地上裂開了一道溝，並從溝中湧出噴泉。

小孩立刻轉變成了金剛杵，那壇酒則變成了金剛鈴。瑜伽士當下拿起鈴杵，與他的明妃一起飛到空中，現出本尊勝樂金剛與金剛亥母的佛父母雙運相。他們盤旋在國王及群眾頂上，而水柱越噴越高。

快要溺水的人們驚叫著：「我們皈依大師！」但是岡塔巴仍堅如金剛，處於不動忿怒三摩地中。

眼看死亡漸漸逼近，眾人即將滅頂時，大悲觀世音菩薩突然出現。祂舉起聖足踏在水災的源頭上，大水立即倒流，回到了地底下。

所有人都得救了。他們全部都在爛泥中頂禮，國王也不例外，一同祈求著岡塔巴的寬恕。彷彿出自神力，在菩薩足踏之地出現了一塊有著祂形相的石頭，而且石像直到今日都還在那兒，而在石像的腳邊，還有一道六英尺高的噴泉時時湧出最純淨的水。

此時，岡塔巴依舊盤旋在悔悟的眾人頭上，他說道：「不知所以而持守戒律，會成為圓滿菩薩戒——不捨大悲心——最大的障礙。不要執善棄惡，反而要學習接受一切生起的現象。隨時看透每個經歷的本質，直到你成就一味。」然後，便對眾人唱起這首歌：

藥能治病，毒害命，

究竟本質卻為一。

正、負兩種之特質，

皆為道上之助伴——

聖者不拒眾來者。
然而未悟之愚者，
遭受毒害五倍甚，
永遠迷失輪迴中。

國王和他的子民聽了頓時明白，他們的自以為是與狹隘偏見，像一陣輕快的風吹過雲層那般，全然消失了，每個人的心蓮中央都生起了信心。

岡塔巴後來被稱為「搖鈴者」，聲名遠播至世上各個角落。這位擁有佛陀威神力與功德的瑜伽士，後來與他的明妃飛升而入於空行淨土。

37 詹巴噶（Campaka）

花之王

如方便與智慧合一明光，
上師無間斷流遍攝一切。
薩哈嘉此滿願樹，
存在之地自長出；
其果三身乃燦爛之圓滿。

如方便與智慧的合一明光，
上師無間斷之流涵納一切。
薩哈嘉此本有，滿願之樹，
自然而然從存在之地長出；
其三身之果乃燦爛的圓滿。

詹巴（Campa）王國以境內長滿蔥鬱芳香的花朵而得其名。連國王本身也是依美麗的木蘭花而命名。在詹巴噶的境內到處都是花，各種財富與享樂也對其幸運的子民豐盈地綻放。

年輕的國王陶醉於王宮典雅精緻的佈置，盡情地享受權力與福氣。對他來說，生命是這般一連串永無止盡的喜悅，以致他不曾多想到未來。

有一天，一位瑜伽士來到王宮化緣乞食。國王在夏宮接待他，夏宮坐落在光華四射的詹巴噶灌木叢中，如同一顆珠寶，還有著香氣甜美的花朵做成寶座座墊，以及瀑布般垂落的紫羅蘭鋪成花瓣地毯。在五色繽紛的香氣中，國王爲瑜伽士洗腳，並給他一個靠背軟墊。接著他請僕侍爲客人送上豐盛的一餐，然後坐下來聽瑜伽士開示。

詹巴噶聽了開示之後，覺得非常受用，於是邀請瑜伽士住下來做他的佛法教師。瑜伽士同意了。

詹巴噶一邊向瑜伽士介紹他的王宮與花園，一邊說：「告訴我，你遊歷過許多國家，可曾見過像這樣的花，或是碰過像我這樣的國王？」

瑜伽士答道：「沒有任何地方有這樣的花，花兒的美和香氣都無與倫比。」

年輕國王驕傲地微笑著。

「然而，」瑜伽士繼續說：「因爲不顧後果的生活態度，你自己身體的氣味卻差強人意。是的，你的王國確實遠遠勝過許多國家，但是那有什麼用呢？在你離開時，什麼也帶不走。」

國王愣住了。生命中頭一回，他的思惟開始超越今朝的歡愉，而檢視更深沈的生、死，與投胎的問題。

幾天之後，他回去找上師，告訴他自己從內省中所學到的看法，並且祈求更進一步的教授以摧毀對身體的執著。瑜伽士教導他年輕的弟子因果業力的道理，那是攸關所有人類行爲的因果定律，以便引導他的心朝向慈悲的覺知與良善的行爲。上師接著爲他灌頂，讓他進入生起與圓滿瑜伽之道。

國王開始以最強大的意志力努力禪修。但他經常懷疑自己的修行是否正確？而且每當他想要收攝內心時，詹巴噶花醉人的香氣就會令他分神。他在絕望之餘，回去找瑜伽士求助，於是上師爲他設計了一種方式，讓他利用這些分神成爲道上的基石。

了知顯相自性空——
花即上師之教授，
心態須如餓蜜蜂，
採花粉成無盡露。

了知顯相的自性爲空性——
那朵花即是上師之教授，
內心須安住如飢餓的蜜蜂，
採集花粉變成無盡的甘露。

花蜂花粉此三者，
並無任何之差別，
根本自性乃為一。
蜂蜜則是為淨樂。
第六佛大金剛持，
如是親自曾教導。
無疑無懼勤禪修。

花、蜂與花粉三者間，
並沒有什麼差別，
它們的根本自性爲一。
至於蜂蜜！蜂蜜則是淨樂。
第六佛大金剛持
如是親自教導。
無疑無懼勤禪修。

詹巴噶禪修清淨實相之花十二年，當他了悟到上師所謂的顯相空性時，當下直觀而掌握到自心實相與他所追尋的極致覺受之全然無二無別，並因而得證。他被稱爲上師詹巴噶巴塔（Guru Campakapada），在教導朝臣與嬪妃們佛法許多年之後，以肉身進入了空行淨土。

38

庫瑪利巴（Kumbharipa）

陶匠

於此習性轉輪上
存有樂舞得成型。
妙慧淨覺之火焰
卻將燒盡諸妄想。

在習性的轉輪上
存有的音樂與舞蹈成型。
然而妙慧與淨覺的火焰
將燒盡一切妄想。

庫瑪利巴是糾滿那斯利城（Jomanasri）的一名陶匠。日復一日，他的生活就是無止盡地重複挖黏土、揉黏土，在輪上塑型，然後放進火裡燒。一天下午，他覺得再也無法忍受這種踩著轉輪的日子時，一位瑜伽士恰好路過向他乞食。

庫瑪利巴邀請他進入屋內，一同分享自己簡單的一餐，然後開始對這位訪客吐苦水。

他喊道：「上師啊，我無法在這裡再多待一分鐘。我的生活只是毫無止盡的辛勞、單調和乏味。」

瑜伽士盯著陶匠的轉輪一會兒，然後轉了一下。說道：「你不知道嗎？在生命之輪上的一切有情，從來就沒有一刻眞實的快樂。從無始以來只有痛苦。不要陷在自己小小的憂苦中。所有人的喜悅和歡樂，不過是稍縱即逝的影子。」

這些話在陶匠的內心深處迴響，於是他祈求瑜伽士教他一種成就法。瑜伽士當下爲他灌頂，並給予生起與圓滿次第的禪修教授如下：

無知與無明的土壤中，
取得貪愛與念頭的黏土，
放在貪婪與執取的輪上旋轉，
塑成來自六道的六陶罐，
其具輪迴的無明與妄想，
遂將陶罐置於淨覺之火焰中燒窯。

無知與無明土壤中，
取貪愛與念頭黏土，
於貪婪與執取輪轉，
塑來自六道之六罐，
具輪迴無明與妄想，
復置淨覺焰中燒窯。

陶匠明白了上師的教授，便禪修輪迴六道的幻相，每一道用一個月的時間，僅僅六個月，他心中所有的染污都得以去除，因而證得了果位。

此後，在陶匠坐著禪修時，輪軸便會自動轉動，而當陶匠心中的喜悅躍然而上時，瓶器等陶罐也隨之躍然而出。城裡的人得知他已證得佛力後，都來坐在他的腳下等待教授。經過許多年的饒益眾生，當時機成熟，他便進入了空行淨土。

39

郭都利巴（Godhuripa）

捕鳥人

內外現象視為心，
了悟心性為光明，
醒睡夢與禪修時，
皆是在於法身中，
吾悟正覺之佛果。

觀待內外所有現象皆爲心，
了悟自心本性爲光明，
醒時、睡時、夢時、禪修時，
皆於法身中，
我已了悟全然醒覺的佛果。

郭都利巴來自迪桑納嘎（Disunagar），以捕鳥爲業。有一天，他在森林中結網捕捉小型雀燕，並準備拿到市集去賣，剛好有位要往城裡乞食的瑜伽士路過。

瑜伽士看到網中塞滿了纖小而無助的鳥兒，便問郭都利巴爲何要做這樣殘忍的事情？

郭都利巴說：「我知道這樣做是不對的，我想應該是過去生的惡業讓我不得不以此殘暴的行業來謀求生計。我很慚愧活得如此可悲，但是我只懂得這一行。」

瑜伽士說：「親愛的孩子，你難道不知道從事這一行，會讓你造下更多的惡業，而且只會讓你的未來生更加悲慘嗎？」

郭都利巴坐在一棵樹下開始痛哭。終於，他抬起頭來雙眼紅腫地看著瑜伽士，並祈求他的幫助。

瑜伽士說：「如果能修行一種成就法，你就會從捕鳥網上找到恆常的快樂，而不是恆常的悲哀。」

「如果您這樣的聖者願意憐憫我這樣的罪人，我怎能拒絕呢？」郭都利巴答道。

於是他放掉網中所有的小燕雀，瑜伽士接著傳授灌頂，之後便指導郭都利巴禪修專注一境。

「觀想世間所有聲音如同你記憶中的鳥鳴聲，直到一切聲音與鳥鳴合一。」瑜伽士說。

且讓自心融入於
夜鶯美歌聲本質。
諸聲皆成此一音，
穿透夜鶯啼聲心，
而尋得默然之聲。
其中聲與聞聲者，
視為遍攝之虛空。

讓你的心融入
夜鶯甜美歌聲的本質中。
當一切聲音都成此一音，
就穿透夜鶯呼喊聲之心，
並找到那默然之聲。
其中，音聲與聞聲之人，
皆視爲包容一切的虛空。

郭都利巴依照指示進行禪修，直到所有的音聲變成一音，與空性無二無別。九年之後，他在感知上的所有染污都消失於全然無聲中，他獲得了大手印成就。

他繼續留在世間服務眾生百年，之後，與三百名弟子一同以肉身進入了空行淨土。

40

噶巴拉巴（Kapalapa）

持顱骨的人

金剛持之此一者——
諸現象之無二性——
六嚴飾與嘎巴拉之祕密，
令人迷妄之自我：
此皆無一可尋得。

金剛持之此一者——
諸現象之無二性——
六嚴飾與顱骨之祕密，
令人迷妄之自我：
尋覓之下皆無一可得。

一場熱病瘟疫襲捲了惹雅普利（Rajapuri）。有個賤民階級的苦力也遭逢其難，他摯愛的妻子在極大的折磨與痛苦中死在他的懷裡，留下悲慟的丈夫。雖然他五個幼小的男孩也染上熱病，這個喪妻之人不得不放下他們，背起妻子的屍體到火葬場。

當他在屍體旁邊心碎地啜泣時，卻傳來更悲慘的消息：他的五個孩子也都無一倖免地死於無情的疫病。他走在人生最哀傷的一段路上，把五具小屍體一一排在他們母親的旁邊。此時，他已無淚可流。

他整個人已被失落所淹沒，只是坐在那兒，在曾經的親愛家人旁，靜靜地前後晃動著身體。

上師克里希那噶亞（Krsnacarya）出現，在他旁邊坐下來給予安慰。可憐的人以沈重的聲音說道：「瑜伽師，我的生命已一無所有，一切的幸福全都結束了。現在我只想留在這裡，陪伴我的家人直到死去。」

瑜伽士說道：「三界之中的所有生命，都活在死亡之雲的籠罩下，這種痛苦不只降臨到你身上。但是既然你覺得你對自己和別人都沒有用處，何不修持成就法呢？」失去親人的苦力祈求教授，於是瑜伽士爲他灌頂並進入喜金剛壇城，接著傳授生起與圓滿次第的教授。

瑜伽士取出五個小孩的骨頭，做了寶冠、耳環、項鍊、手環、腰帶等五智如來的嚴飾，以及空行的三叉戟（卡杖嘎），接著以神聖的線將它們串好。最後，克里希那噶亞又將苦力妻子的頭割下，用她的顱骨做了一個顱器。

他將這些遞給徒弟，說道：「這個顱器就是你生起次第禪修所要觀想的形相，顱器內所包含的虛空則是你圓滿次第禪修的所緣。」

噶巴拉巴依此方式禪修九年，直到結合兩種禪修而得證。之後他對弟子唱出他的了悟：

吾為持顱瑜伽士，　　我是持著顱器的瑜伽士。
能視此一嘎巴拉，　　我已能將這只顱骨
一如萬法之自性，　　視爲一如萬法自性。
事業自此了無礙。　　我的事業從此了無障礙。

在這番開示之後，他繼續無私地爲他人服務了五百年。當時機來臨，他與六百名弟子一同飛升而入於空行淨土。

41 匝巴利巴（Carbaripa/Carpati，匝巴帝）

將人變成石頭的成就者

諸佛無上誓，
了悟自性也。
了悟自心清淨者，
能以佛眼看世界。

一切佛陀的無上誓言，
即是了悟自性。
了悟自心清淨者，
能以佛眼看世界。

摩竭陀國（Magadha）住了一位有錢的牧人，他擁有千頭水牛以及數不清的綿羊、山羊和馬匹。當他年邁的父親過世時，牧人按照習俗舉行盛大的葬禮，並邀請全區的人都來參加。

一天早晨，家人和所有的賓客都依禮到恆河淨身，留下牧人的年輕妻子負責家務，並看管為當天準備的東西。

當她背著嬰兒忙進忙出的時候，上師匝巴利巴突然出現在她面前乞討食物。她在聖者面前頂禮，之後放聲大哭。

「啊，先生，若能供養您，將是我最大的榮幸，但是我的先生和婆婆非常嚴厲。如果沒有完全照著他們的話去做，我就會被打；除了他們和客人以外，我不准給任何人食物，這一點我不敢不聽從。」

瑜伽士邊說，邊擦拭她的眼淚：「好了，好了，抬頭看看那山丘。」他指著遠方說道：「看見山上我的小屋了嗎？」

年輕婦人揉揉眼睛往山上看。「喔，看到了，我看到樹旁邊有東西。」她說。

上師說：「很好，如果你的丈夫和婆婆因爲你給我早飯而找你麻煩的話，你就帶著娃兒上那裡去，我會保護你們。」

年輕的主婦聽了他的保證後，感到十分欣慰，立刻進廚房忙著爲他準備豐盛的一餐。他和她講了許多話，而她越聽越感興趣。

他才剛一離開，她的婆婆就帶著晨起沐浴淨身且飢腸轆轆的客人回來了。當婆婆看見食物少了許多時，她大發雷霆，開始責罵媳婦，嚷得連小嬰兒都開始哭嚎。少婦嚇壞了，抱著心愛的嬰兒逃出家門，一刻也不停地直奔匝巴利巴的小屋。

瑜伽士微笑地出來歡迎她，說道：「太好了，我們又見面了。」說著就從疲憊不堪的母親手中接過哭喊的嬰兒。

小孩立即開始咯咯微笑，他把小孩放回母親的懷抱，小孩不一會就睡著了。然後他用手在一碗聖水裡浸一下，再舉起手來將水灑在訪客身上。母親與小孩一碰到水滴，立刻轉化成石頭佛像，再也不需要食物或住處。

這時，牧人也回到家裡問候妻子。仍在氣頭上的婆婆開始一連串地數落媳婦的不是，末尾還加上一句：「我告訴你，你那個無能、沒出息的笨蛋跑啦，連你的兒子也一併帶走了！」

焦慮的丈夫派出人馬四處搜尋。他們從早到晚搜遍了鄉間，卻一點結果都沒有。到了黃昏，悲傷的丈夫決定爬到山頂視野比較清楚的地方，結果碰到誰呢？瑜伽士。

匝巴利巴說：「歡迎！」並將聖水灑到他身上，他也同樣變成石頭佛像，然後瑜伽士把丈夫、妻子、小孩三尊像放到一個小的石座上。

稍晚時分，其他搜索成員也開始往山上走，有些是單獨一人，有些則成群結隊。匝巴利巴歡迎每一個人，也對每個人身上灑聖水；到了夜晚，將近三百名來到偏僻小屋的人，全都變成

了石頭佛像，並如此凍結在完美的禪修狀態下。

牧人的小男孩以此方式獲得八大世間成就：從他的臀子出現空行悉地（khecari-siddhi）；從他的陽具出現能轉凡鐵爲黃金的甘露；從他的魄門出現長生不死藥丸；從他的眼睛出現飛行的力量等等。

這個神奇孩子的名聲傳遍各地，連詹巴的國王都前來致敬。他所看到的景象令他印象非常深刻，於是便爲男孩和他的家人建了一間寺院，也爲其他石像建了一座更大的寺廟。

這些年來，山頂寺院都有著神聖與神力的巨大光暈。許多人會到那兒朝聖並修持成就法。

傳說在那兒禪修的瑜伽士，如果修行退失或是邪念熾盛時，石像就會變回人身，然後把他們打到心神清明爲止。

42

康塔里巴（Kantalipa）

撿破布的裁縫師

以真實智師為針，
以慈悲為線，
吾將三界縫合為
瑜伽士之燦爛衣。

以眞實智上師爲針，
慈悲爲線，
我將三界縫合一起，
成爲瑜伽士燦爛的衣裳。

康塔里是個賤民，從出生就注定要從事和家族同樣卑微的行業，也就是縫補碎布維生。他從來不知道什麼叫作吃飽或是樂趣，對他而言，生活只是永無止盡的工作與窮苦。

一天，他在縫補的過程中，不小心扎到指頭，汩汩流出的血把他努力了幾個鐘頭的布都染污了。忍無可忍的他衝出茅棚，跑到森林偏僻的地方；他在地上打滾而撕扯頭髮，像頭受傷的野獸般嚎叫。

空行母白達里（Vetali），她是空大元素的化身，對他深感憐憫，便以和藹老婦的形象出現在他面前，問他絕望的原因。

康塔里從痛苦的靈魂深處說出他的人生。

空行母說：「從你的故事中看得出來，你在過去生曾遭受某種極大的痛苦。我擔心你在來世、後世，和往後的每一世，痛苦將如影隨形地追逐你。輪迴中除了苦，再沒有別的了。」

康塔里在地上翻滾，呻吟而呼喊著說：「我求求您，快告訴我如何擺脫這種悲慘的命運？」

她建議：「我可以教你一種成就法，但是你能夠照做嗎？」

他堅決表示自己一定可以照辦。

空行母當下給予他喜金剛灌頂，並且教導他四無量心的修法，同時也教導他上師相應法和圓滿次第瑜伽。

裁縫師回到家裡，遵循空行母的教授努力修持。但每當他想要禪修時，紛亂的念頭又將他帶回到工作上。

於是，空行母再度出現在面前，指導他：「將同樣這些念頭用在眞實的修道上，讓它們來引導你。」然後她爲他唱道：

觀所縫破布為虛空。　觀想你拾起而縫合的破布爲虛空。
視針為正念妙慧。　將你的針視爲正念與妙慧。
以慈悲線穿此針，　將此針穿以慈悲之線，
為諸三界有情眾，　爲三界一切有情眾生，
縫出嶄新之衣裳。　縫出新衣。

康塔里在極大的平靜中回到工作上，並且運用禪修技巧，了悟所經驗一切元素的空性。當他如是修行時，內心湧出巨大的慈悲。由於明瞭慈悲與空性爲一，他獲得了大手印成就。在他無私地爲別人付出多年之後，當時機來臨，便飛升而入於空行淨土。

43 加雅南達（Jayananda）

烏鴉大師

三摩地乃吾王國，
淨覺與妙慧之刹。
於彼安住俱生淨，
離於二元之分別，
離於成見與雜念。
吾了悟令己解脱。

我的王國是三摩地，
那是清淨覺性與妙慧之刹土。
我在那兒安住於俱生清淨中，
離於二元分別，
離於成見與雜念。
我的了悟確保了自己的解脫。

很久以前，在孟加拉住著一位婆羅門教士，他後來轉修佛法的密續。外相上，他依舊維持原來的生活方式，暗中卻修行密法。他的供品當中有朵瑪，這是一種特別製作並聖化以代表本尊身體的小糕餅。他在儀軌過程中淺嚐之後，便會依習而把剩餘的朵瑪扔在地上讓狗兒、烏兒，以及餓鬼享用。有一大群聰明的烏鴉很快就覺察到這個修法，每天都會按時飛來等著分食神聖的食物。

他有個善妒的鄰居，是位行持嚴謹保守的婆羅門教士，注意到每天都有一大群烏鴉聚集在加雅南達房子外頭，於是便開始暗中觀察。對方很快地發現加雅南達的叛教行徑並毫不遲疑地報告國王，因為國王也正是反對佛教的頑強對手。

國王下令將加雅南達捆綁晉見。

犯人回答國王的指控：「放開我！供養天神既沒罪，也不是浪費。」但是國王斷然命令將加雅南達關到王宮深處的監牢裡。

當天稍晚，接近施食時間，忠心的烏鴉群集婆羅門的房外。結果牠們的等待落空了。氣憤躁動之餘，牠們派出哨兵尋找施主的下落，發現他竟被鎖在地牢的牆上。

憤怒的烏群如雷雲般從遠處開始聚集，黑色的烏鴉佈滿天空，而這片烏雲漸漸地移到王宮上方。牠們從各個敞開的門窗飛進寶座所在的大殿，然後朝著人們俯衝，啄他們的眼睛和手臂。流血的人們一片慘叫，四處亂竄卻無處可躲。

最後，有個懂得鳥語的人急忙告訴躲在寶座下的國王，說烏鴉們強烈要求立即釋放某一位婆羅門，他是牠們的衣食父母。

國王立即派人把加雅南達找來。婆羅門剛一出現，烏鴉就降落到每個可棲息的地方。牠們像一片不祥的烏雲，等待著結果。

國王向婆羅門頂禮，祈求寬恕。然後懇請加雅南達將烏鴉遣出王宮，回到牠們所屬的天空，並發誓會親自確保牠們永遠不再挨餓。

婆羅門輕聲地向他帶羽毛的家人說話，於是牠們一致鼓翅向天空飛去。國王看見這一幕，生起強烈的信心，便和朝臣們一起皈依佛陀。

從此之後的每一天，國王下令將二十車的米粒撒給烏鴉，並且救濟貧窮和有需要的人。上師隨後留在孟加拉許多年，爲了利益眾生而努力。而他經常會唱這首歌：

需知之人且諦聽，　　聽啊，所有需要知道的人，
聆聽加雅勝利語：　　聆聽加雅勝利之語：
由於上師恩典故，　　由於上師的恩典，

圓滿了悟吾證得。
吾之寶庫乃充滿
俱生任運之覺性。
吾今乃為淨樂之部長，
不再出席輪迴之朝廷。
吾王本然光燦之自性，
二元敵對勢力其戰勝，
所有世間欲樂皆出離。

我證得圓滿的了悟。
我的寶庫充滿了
自然生起的俱生覺性。
如今我是淨樂的部長，
不再出席輪迴的朝廷。
我的國王是本然光燦的自性，
他擊敗二元的敵對勢力，
出離所有世間欲樂。

經過七百年無私地服務眾生之後，加雅南達進入了空行淨土。

44 底理巴（Dhilipa）

享用美食的人

當吾證得佛性時，
佛為實相之自性。
俱生究竟所賦力，
無生金剛持深入吾內在。

當我證得了佛性之時，
佛成爲了實相的自性。
由於俱生究竟賦予了我力量，
無生金剛持深入我整個人中。

底理巴是個搾芝麻油的商人。這門生意利潤非常豐厚，讓他很快變成像財神庫貝拉（Kubera）一樣富有。他放縱享樂，尤其是飲食之樂。他從世界各地進口美食，以及稀有的香料和香草，並且網羅最好的廚師，特別是曾爲皇室烹調者。

很快地，他的飲食就和國王一樣奢華。每一頓飯都吃掉八十四道爲人所知的佳餚主餐，以

及十二道精緻甜品，並灌下五種飲料。幸好，國王並未發現這個僭越皇室特權的人。

有一天，班智達巴哈拿（Bhahana）在晚餐的時候來到底理巴的家，於是受邀一起享用奢華的宴席。餐後，班智達卻和主人談到輪迴的痛苦無奈以及脫離的方法。商人對這場開示感受深刻，便請求客人留下來擔任整個家族的傳法教師。

班智達答應了，於是他每天固定爲主人說法，而商人繼續他的買賣。有一天，上師看著底理巴從芝麻壓出金黃色的油，遂評論道，雖然商人可能因這種勞役而得到越來越多的利潤，但他肯定無法獲得解脫。

這番話令底理巴甚爲震撼。他停下手邊的工作，將雙手擦乾淨，然後在上師腳前坐下來，問道：「我如何能得到解脫呢，聖者？」

班智達的答案是給他灌頂。之後他教導弟子如何從常規世界的概念中解構自己的心靈框架。班智達告訴他，當內心放下所有關於顯相的分別時，底理巴會看到所剩下的那份赤裸裸的實相、原始的能量，以及清淨的明光——也就是看似堅固的物體其本有的光芒。然後他唱出以下偈子：

由自身搾芝麻油，
澄清分別念想液，
已淨之油則倒入
心性為空之器皿。

復以妙慧淨覺焰，
點燃燈蕊其乃用
顯相空性雙繩捻。

如是無明愁雲得遣除，
汝將安住那超越時間、
無有竭盡無與倫比之
解脫大樂中。

從你身體萃取芝麻油，
將此分別念想的液體澄清，
並將已然清淨之油
倒入自性爲空之心的容器。

然後，
用妙慧與淨覺之火焰，
點燃由顯相與空性雙股繩子所捻成之燈蕊。

如此，一切無明愁雲都得以遣除，
你也將安住於超越時間、
無有竭盡、無與倫比之
解脫大樂中。

商人經過九年禪修，成功地結合生起與圓滿次第的禪修。當他獲得果位時，一道金色的光芒從身體湧出，直到照亮整個天空。

國王聽到這個奇蹟後，便派使者前來親眼查證然後回報。底理巴唱出他的回答：

若以無盡大樂衡量財，
吾即無可匹敵之國王。

人們蜂擁而至，向底理巴求取教授，智慧的聖者如估量他的麻油一般，估量每個人的根器。他對於每個來求教的人，都給予恰好滿足其自性與能力的教授。經過許多年無私地服務眾生後，他在一大群弟子簇擁下，飛升而進入了空行淨土。

45

達利噶巴（Darikapa）

廟妓的奴隸國王

淨樂住於自心中，
然為妄想所遮蔽。
精勤努力百千世，
欲得善妙之覺性，
若無上師為引導，
永無了悟淨樂時。

淨樂就在我們每個人的內在，
然而妄想將其遮蔽。
不管你百輩子如何精勤努力，
想要獲得善好與神妙的覺性，
如果沒有上師指導，
根本無法了悟淨樂。

一天下午，巴連弗邑的國王因陀羅巴拉（Indrapala）和他所有的獵手，剛獵殺完一頭肆虐村落的老虎歸來。疲憊飢餓的國王決定走捷徑回王宮，於是他們穿過市場。

他在那兒看到自己的子民對著某個人物鞠躬致敬。此景觸怒了國王，他騎馬穿過人群來到眾人簇擁的中心，眼前則是成就者盧意巴。國王立刻認出這就是有名的吃魚腸之瑜伽士，他專門食用漁夫清理漁獲時扔給狗吃的內臟。

因陀羅巴拉的憤怒頓時消逝無蹤，他禮敬這位瑜伽士，因後者的光臨爲他的領地帶來榮耀。國王上下打量瑜伽士並開口說道：「您是個優雅俊美的人，爲何不放棄食用腐爛魚腸的行徑呢？來我的宮裡吧，我會供養您最美味的佳餚和一切生活之所需。」

盧意巴繞行國王，同樣上下打量，答道：「魚腸很適合我，我需要的是從生死輪轉中解脫。你能提供嗎？」

國王說：「不能，但是您如果留下來和我們一起，我會滿足您的每個心願。如果您希求的話，我甚至可以把江山都送給您」他附加一句，試探瑜伽士。

「你供養的是無死和長生不老的方法嗎？如果是，那我接受。」盧意巴回答。

國王說：「我所能供養的只有我的王國，以及將女兒許配給您。」

「呸！」盧意巴搖頭表示嫌惡，「那些東西對我有什麼用？」

國王突然對自己的生活感到無比反感，自問：「對我有用嗎？頂戴皇冠，從更寬廣的格局來看，並沒什麼了不起。而舞弄權力，卻有許多惡劣的回應。」國王驅馬離開時，就這麼陷入了沈思。

幾天之後，國王召請他的婆羅門大臣前來密議。因陀羅巴拉坦白表示，他在檢視自己的生活之後，得到的驚人結論是他並不快樂。錦衣玉食的奢華生活並未能帶給他任何的滿足或成就感。

國王說：「我決定讓位給兒子，用餘生來修習佛法。」

忠心的大臣回答：「若能在修道上與您爲伴，將是我最大的榮耀。」

在新王加冕並移轉統治權後，國王和他的大臣看起來與最窮的乞丐不相上下，他們開始朝盧意巴經常出現的火葬場出發。瑜伽士引領兩人進入勝樂金剛壇城。然而，由於兩人已身無分文可做供養，他們同意獻出自己的身體任他使喚。

盧意巴和兩位初修業的遊方乞士來到歐利沙，在那兒待了一陣子，修持成就法並且乞食。之後他們繼續行腳，從一地到一地，最後來到有三十萬戶人口的詹提巴（Jantipur）。

詹提巴以偉大的神廟著稱，神廟則有七百名舞伎虔敬地爲天神效命。盧意巴帶著他的奴隸到神廟找達瑞瑪（Darima），她是神廟妓女的主人。但是他們被三百名守護她住處的魁武雄偉守衛擋在門外。

盧意巴大聲喊道：「我有個奴隸，妳的妓女可能會感興趣！」

裡頭傳來一個百般無聊且拉長語調的聲音：「若是看得順眼，或許我會買下他。」

話說著，舞伎內寢的門打開，走出一位身材曼妙的絕世美女。唯一有損於她完美長相的，是嘴角上的一絲倦態。

盧意巴呈上變成奴隸的國王，達瑞瑪以訓練有素的眼睛檢視著。眼前的貨色令她意外地驚喜，於是她給了成就者一百鎊金幣的優渥報償。

瑜伽士接受酬金，但提出兩個條件：第一，奴隸要擁有自己的房間而且永保單獨一個人睡；第二，一旦他掙回買價就必須立刻被釋放。達瑞瑪同意，於是買賣成交。

國王在這十二年間忠誠地服務達瑞瑪。他爲她洗腳、按摩，細心盯著她的飲食，同時觀顧她所有的需求。但是他從來不曾忘記上師的教授。他白天承事女主人，晚上則以禪修承事佛法。他也經常幫其他僕人做他們份內的事，這份善意漸漸贏得他人的愛戴與尊敬。當時機成熟時，達瑞瑪擢升他爲管家。

有一天，在這段時期接近尾聲時，一位叫昆吉的非常富有的國王來到神廟，他帶來五百鎊金幣打算豪擲在狂歡上。奴隸國王成爲皇家貴客的仲介，而他所提供的每一項服務都能收到七個金幣的酬勞。

日以繼夜的放蕩淫逸接踵而至。神廟裡每一種欲樂都提供，來人則每一種感官都耽溺，直到連皇家貴客也開始覺得膩了。某個夜晚在特別奢華的饗宴之後，昆吉的肚子開始不舒服，於是他走到外頭的花園去透透氣。清涼夜風飄來殊妙的香氣，使得國王無法不一探究竟；他打算將這芬芳的植物帶回自己的皇宮花園。那令人沈醉的香氣並非熟悉的茉莉或梔子花香，他順著神祕的芳香步道，穿過繁枝盛葉，來到神廟的公園。眼見遠處發出微弱的光，他心想，香氣會不會來自同一個地方呢？

昆吉越是靠近，那道光芒就越是強烈，直到他無意間一個踉蹌而碰到一小塊空地，那兒耀眼的光芒使他幾乎無法睜眼。這位國王用手遮著眼，只能依稀辨識出那是達瑞瑪奴隸的身形，端坐在鑲滿珠寶的寶座上，由十五位非凡脫俗的美女承事著。他跌回陰影裡，無法相信眼前所見。

他回過神來，立刻跑回神廟，喊著達瑞瑪。他矇住達瑞瑪的雙眼，要她握緊他的手，因爲有不可思議的東西要讓她看。達瑞瑪跟隨他的腳步，儘管眼睛被矇住，一路卻被強烈的香氣和光芒所吸引。

等到她睜開眼時，驀地驚呼一聲，立即跪倒在之前的奴隸面前。她爲自己未能識得他的眞實自性而充滿懊悔，繞行他的寶座一圈又一圈以示尊敬。

她在這位了悟的聖者面前頂禮，說道：「原諒我，我只是個凡夫，犯了大錯沒能認出您是個聖者。我欺負過您，我有罪。祈求您衷心原諒，並且留下來做我們的傳法教師；允許我們用您曾服侍過的同等時間來禮敬您。」

奴隸國王騰空而起，飛到七棵棕櫚樹之高的天空，仁慈地向下望著這群聚集在他面前的朝臣、舞伎、守衛以及奴隸。答道：「我原諒妳，我感謝妳的提議，但是我要服務的是世上受苦的人。」

當晚，所有在場的人都成爲他的弟子，他教導他們的成就法稱作「盡空此城市」，他唱出下列的偈子：

傳言國王之財富——
傘蓋大象與寶座，

傳說中的國王財富——
傘蓋、大象與寶座，

相較吾崇高境界，實屬暗淡。
解脫傘蓋為遮陽，
大乘車輿吾騎乘，
三界寶座上統御——
此達利噶巴之樂！

比起我的崇高境界顯得暗淡許多。
爲我遮陽的乃解脫之傘蓋，
我所騎乘的乃大乘之車乘，
在三界之寶座上統御一切——
此即達利噶巴之樂！

大師的名聲從一國傳到一國，一洲傳到一洲，人人皆稱他爲達利噶巴，意思是「妓女的奴隸」。經歷許多年無私地服務人民後，當他以肉身進入空行淨土時，有七百隨從跟著他一起飛升。

46

烏地里巴（Udhilipa）

飛行的成就者

追隨蜿蜒之思路，
能致使人變瘋狂；
抗拒即可制止業。
若是無處以為家，
自心就在其中央。
於此之外若尋覓，
則一切皆不可得。

追隨蜿蜒的思路，
能導致瘋狂；
抗拒之，即可制止業力。
當你無處以爲家，
心就在中央。
於此之外若要尋覓，
則什麼都得不到。

在德瓦科達這裡，住了一位出身高貴且富有的人，這是他過去生行善與布施的果報；而他也盡情享用這些財富，給予自己和家人想像可及的每一種樂趣。

有一天，他被窗戶投射在磨光地板上的光影遊戲所吸引。他凝視天空，看見五種色彩的雲朵以及各式各樣的無盡形狀。這邊有一隻兩條鼻子的大象和一頭作勢躍起的豹子，那邊則有一隻盤睡的貓，尾巴還貼覆在鼻子上。而再過去，更有一隻極爲美麗的天鵝在飛翔。「多麼高貴、優雅，多麼有力，」他想，「啊，牠體會到的是何等的極致之樂啊！」

儘管天鵝早就消融變化成十幾種形狀了，他仍然以心眼凝視著那隻天鵝。想飛的欲望開始攫住他。他全心全意只想找到方法，好讓自己一嚐那能夠飛翔的極致快感。

不久之後的某一天，上師噶納利巴（Karnaripa，聖天）來到他的門口乞食。烏地里巴歡喜迎接，並供養自家廚房所能提供的最美好食物。之後，他說出自心深處的願望：瑜伽士能教他飛嗎？

上師說：「可以的，但是需要的時間很長而且過程相當艱苦。你覺得自己願意學這種要求嚴格的成就法嗎？」

烏地里巴回答：「我想翱翔天空的渴望如此強烈，沒有什麼能夠阻擋我追隨您的指導。」

「好極了。」噶納利巴說，然後給予他四座大瑜伽女續（Catuspitha-mahayogini Tantra）灌頂。接著他教誡道：「你必須遍訪二十四處重大的能量中心，在那兒找到二十四種靈藥，也就是每一地的種子精華藏身之處。要發掘這些祕密，就必須調伏二十四位守護靈藥的空行母，方法則是透過持誦每位空行母的咒語達一萬遍。」

烏地里巴當天就開始他的禪修之旅。最後他成辦了瑜伽士責令完成的任務。之後他尋求上師的進一步指導。

噶納利巴說：「你確實展現了堅定的決心；但是，還有一件更困難的工作等著你。」

弟子大聲說：「任何事情都行，聖者！我該怎麼做，才能學到飛行的祕密？」

瑜伽士說：「現在你必須準備珍貴的甘露，而且所有靈藥必須煉製到極致圓滿的地步。這需要三個步驟：首先你必須將它們放在一只銅鍋裡提煉，接著放在銀鍋裡，最後是純金的鍋。」

烏地里巴的煉丹成就法花了十二年。最後成功並且獲得大手印成就。他的了悟使他能夠毫不費力地飛翔空中，直到身心內外全都瀰漫著喜悅。

弟子稱他為飛行的成就者。經過多年無私地服務眾人，他乘著大樂之翼飛入了空行淨土。

47

拉絲敏卡拉（Laksminkara）

發瘋的公主

尋者須具覺悟見。
次則須堅定不移
禪修萬法之空性。
末了深深浸淫於
直觀不斷妙覺中，
優雅謙遜行當行。

尋求者首先須生起覺悟之見。
再來須堅定不移地禪修
萬法之空性。
最後，深深浸淫在
直觀且不斷的神妙覺受之中，
他們優雅而謙遜地行所當行。

在空行領地烏金國土，因陀羅菩提王統治著桑伯拉王國。爲了鞏固與鄰居藍卡普利國賈蘭卓王的友誼，因陀羅菩提王將七歲的妹妹拉絲敏卡拉許配給賈蘭卓王的兒子。兩國唯一有分歧的是宗教信仰，桑伯拉是佛教國家，藍卡普利則不是。但是，兩國的國王都不曾預期這會是友誼或婚姻的障礙。

拉絲敏卡拉從出生就具備深厚的善根。她受到悉心的呵護和養育，並且在很小的時候，岡巴拉上師以及其他大師的教法就讓她對多種密續有完整的認識。她的家人以年紀尚小不宜離家為理由，成功地將婚禮延到她十六歲的時候。

在成長的過程中，對這位聖潔的女孩而言，成婚的日子總是顯得遙遠；但是終究還是到了必須面對事實的時候了，她要嫁給僅於九年前見過一面、年長自己許多歲的王子。當王子的護衛前來帶她離開家人以及所熟悉的一切時，她的感覺就像世界末日降臨了。在寂靜環境下成長的她，初入凡俗世界時嚇壞了，因為她唯一想要的就是繼續修行。但是，她也了解外交的必要性，於是在一群佛教法友的簇擁下，她帶著豐厚的嫁妝和為夫家準備的華貴禮物，揮別了桑伯拉。

由於離開時有些耽誤，這行皇室隊伍比預計的時間晚了幾天才抵達。他們在賈蘭卓王的皇宮大門見到一群朝廷的星相師，他們告知因為抵達的日子並非吉日，因此她與隨從必須在原地等到第二天。

人生地不熟的拉絲敏卡拉，原本盼望會受到親切的迎接，卻因這次的耽擱，令她覺得遭到嚴苛對待因而陷入了沮喪之中。當她有氣無力地走到皇宮之外，觀察周圍的城裡生活狀況時，又更加沮喪了。顯然這裡的人從來沒有聽過佛陀的教法。

突然間，遠處傳來大聲的喧嚷，在混雜著號角、犬吠和馬蹄的聲音中，皇家的狩獵隊伍奔馳而過，騎在隊伍前頭的是一位面貌冷峻的男子，穿著華麗，衣服上沾滿血跡，馬鞍上橫掛著一具被殺的羚羊屍體，顯然是剛打獵歸來。

公主絕望地目睹如此毫無人性的動物對待。而當她得知所看見的王子就是自己的夫君時，她髮根直豎，臉上血色盡失。

她大叫：「我的兄長，珍愛佛陀教義的王子，竟然將我送進邪惡無信的俗人當中！」說完就昏厥過去。

清醒之後，她把所有帶來的大小箱篋、盒子全部打開，當好奇的人們聚攏過來看時，她就將所有的嫁妝一件不留地全都布施出去，甚至連她的首飾也送給了隨從，然後叫他們回桑伯拉。

當她終於被允許可以進入皇宮之後，她把自己關在丈夫爲她準備的寢室裡，十天不見任何一人。經過長久思考，她決定唯一能脫離這種折磨日子的方法就是假裝自己瘋了。於是她撕裂衣服、鬆開頭髮，用燈油和薰黑抹在身上，將穢物塗在髮上，把自己弄成瘋子的模樣。但在整個過程中，她的內心深處一直專注於修持成就法。

看到她的時候，王子絕望了。他召集所有皇家醫生，派他們前去治療她。她用歇斯底里的尖叫聲迎接來者，使勁朝他們頭上扔油燈和髮梳，還用牙齒和指甲攻擊他們。

藍卡普利國希望因陀羅菩提王能夠介入，便派人通報消息，但因陀羅菩提王什麼也沒做；此舉令藍卡普利家族非常沮喪且無法了解。但因陀羅菩提王卻完全明白妹妹所展現的是對輪迴的深惡痛絕；她的靈性成長遠遠超過了他，而這讓他深感羞愧。

從外相看來，拉絲敏卡拉的行爲詭異，沒有人敢靠近，根本是瘋得無可救藥；而那正切合她意。

一天晚上，趁著守衛不在，拉絲敏卡拉慢慢爬出房間。她像一道陰影滑下迷宮似的皇宮後面的階梯，最後終於找到空蕩蕩的廚房。她藏在廚餘垃圾堆裡，然後當清潔工來收垃圾時，便從後門逃走。

她來到一處墳場，棄捨世間而成爲瑜伽女，食用的是別人扔給狗吃的東西，這對一個具有金枝玉葉背景的人來說，是一條艱難的路，但她的決心從未動搖；她以這種方式生活了七年，持續不斷地深化自己對涅槃自性的覺受，直到獲得成就。

這段期間，有個打掃國王廁所的賤民一直忠心地承事她，而當她獲得了悟時，便爲他灌頂；這位賤民也很快地證得佛位，但除了他的授戒師之外，沒有人知道他的成就。

大約就在這個時刻，賈蘭卓國王，也就是她前未婚夫的父親，外出打獵。他和其他獵人的隊伍走丟了，經過幾小時漫無目標的尋覓，人變得越來越疲累。於是他下馬，然後在一棵樹下睡著了。

他醒來的時候已然夜幕低垂，因此找不到回去的路。他引領馬兒小心翼翼地穿過草叢，遠處有一道光在森林中出現，景象著實詭異，而這吸引了他的注意。在好奇心的驅使下，他慢慢地靠近那團奇異的光暈，他發現光是從一個洞穴的開口處放射出來。他悄悄貼近並往裡窺探，一幕神奇的光景躍入眼簾。

他看見拉絲敏卡拉坐在鑲著珠寶的寶座上，身體散發的金色光芒瀰漫整個洞穴。她的四周環繞著迷人的天女。國王內心萌生出深刻而不可動搖的信心，他整晚待在那兒看著神奇洞穴裡發生的事。

第二天，他趕上了打獵隊伍，後者一直在瘋狂地尋覓國王，然後他們全數回到城裡。但是賈蘭卓王控制不住自己，一次又一次地回到洞穴旁觀看。終於有一晚，他實在忍不住了，於是進到洞裡，在瑜伽女面前頂禮。

拉絲敏卡拉理所當然會懷疑他的動機。但是國王動容地說他深信她就是佛，並且謙卑地祈求賜予教授，最後她相信了他的眞誠並且開示以下的偈子：

生死輪軸上，眾生盡皆苦，
輪迴世間中，實無片刻樂——
優越如人天，亦爲苦所磨。

下三道更然，純粹由苦成——
飢餓之野獸，不斷互吞噬，
無止盡寒熱，令眾生煎熬。
王者啊，且尋解脫之淨樂。

她說：「我不能收你當弟子，你的上師就在幫你打掃廁所的人當中。他是我的弟子之一，已經獲得成就。」

國王說：「我有很多爲我打掃的人，我怎麼知道是哪一個呢？」她回答：「仔細觀察，他們其中有個人會在做完自己工作之後又去供養窮人飲食，你要相信他。晚上去找他求取教授。」國王依照拉絲敏卡拉的指示，不久便認出這位掃廁人上師的身分。他遂邀請對方入宮，並在大殿接待。當掃廁人進來時，國王從寶座起身，走下台階，挽起掃廁人的手。他領著這位賤民到寶座前，請他坐下，然後在上師面前頂禮並祈求教授。掃廁人瑜伽士因而爲國王賜予灌頂，將上師的恩德傳給國王，並且講授金剛亥母成就法的生起次第和圓滿次第教授。

從此之後的許多年，拉絲敏卡拉和掃廁人在藍卡普利國展示了許多奇蹟，然後兩人都飛升而入於空行淨土。

48

尼古那巴（Nirgunapa）

開悟的低能者

吾等真實師所教，祥和為主旨，
狂暴情緒及衝突思緒，令平息。
禪修時如浪潮之擾動，令停止，
吾等依專注及等持而作行儀。

我們眞實上師的教誡是以祥和爲主旨，
平息狂暴情緒和衝突思緒。
停止禪修中如浪潮的擾動，
我們以專注和等持來行儀。

尼古那巴出生在普瓦德薩（Purvadesa）一個賤民家中。家人以盛大的筵席慶祝他的誕生。但是隨著時光流逝，父母的夢破滅了。因爲他連最簡單的事都無法勝任。他的家人說：「這個低能兒啥事也不會，還不如沒有出生算了。」

一天，又是得到同樣的唾罵之後，尼古那巴帶著說不出的沮喪，抹著淚在一個僻靜的地方躺下，那兒有個瑜伽士看到他，對他說道：「起來，到城裡乞食去。」

「我起不來。」尼古那巴連動也不想動地回答。

瑜伽士出於憐憫之心，給他食物，並詢問：「你有什麼手藝嗎？」

他回答：「尊貴的先生，我的名字叫白癡，我一技之長也沒有！」語氣顯得理所當然。

瑜伽士又問：「但你還是得吃喝啊！你不怕死嗎？」

「當然怕啊！但我又能做什麼呢？」尼古那巴如此承認。

瑜伽士建議道：「如果你肯修習的話，我就教你一個成就法。」

尼古那巴回答：「如果能夠躺著修，就請教我吧！」

瑜伽士為他灌頂，授予他色空不二的教授：

能知所知皆虛妄，　　「能知」和「所知」兩者都是虛妄的，

未能如是了悟者，　　那些尚未了悟這個道理的人，

無助焦慮當憐憫。　　受苦於無助的焦慮，應當以憐憫對待。

焦慮卻無真實依。　　然而就連那份焦慮，也無眞實的基礎。

心續變成明光時——
顯相空性乃無別——
解開禁忌汝遊蕩
村落之中成瘋聖。

在心相續成爲明光之時——
顯相與空性乃無二無別——
解開禁忌，你便可遊蕩
村落之中，而成爲瘋聖。

尼古那巴遵循教授，一邊乞食，一邊修持成就法，直到他了悟顯相與空性合一而成爲明光時，他便獲得了成就。在遊蕩的途中若遇到人們問起他是誰，當下他會凝視對方的雙眼然後啜泣；見到他心中深切的慈悲，人們也會與他一同啜泣。對那些已具器者他就收爲徒弟，教導他們色即是空、空即是色的道理。逐漸地，這些弟子的妄念如船隻沈入大海那般消散，因而證得大手印成就。尼古那巴最後以肉身進入了空行淨土。

49

美哈拉與康那哈拉（Mekhala and Kanakhala）

斷頭的姊妹

内外諸現象，
盡視為自心，
萬法皆一味。
無上禪定無勤作，
無二之樂吾尋獲——
清淨圓滿之佛果。
穿上不可摧安忍鎧甲，
戴上如金剛堅韌寶冠，

當一切内外現象
都被視爲自心，
萬法皆是一味。
在毫不費力的無上禪定中，
我找到無二之樂——
清淨圓滿的佛果。
穿上堅不可摧的安忍鎧甲，
戴上如金剛般的堅韌寶冠，

心之船艦吾登入，
自信佔領吾之身。

我登入心之船艦，
並且自信地佔領我的身體。

在德瓦科達有位老鰥夫，正爲兩個沒出嫁的女兒發愁。這件事本身無可厚非。但是這兩個女孩打從出生就因爲調皮搗蛋、好捉弄人而惡名昭彰。她們老是盤算著如何整人，如果其中一個想不到要怎麼做，另一個就會順勢補上。

很幸運地，這位父親順利地把她們嫁給了別村一個毫不知情的漁夫之子。然而，沒多久，兩位新郎就發覺自己娶錯人了。兩姊妹讓丈夫的日子不好過，而他們也毫不客氣地反擊回去；更糟糕的是，鄰居也語帶刻薄地加入了行列。

雖然造成如此的結果完全是咎由自取，但她們還是從早到晚怨嘆自己的命運。終於，年紀較輕的妹妹提議要逃走。

康那哈拉抱怨：「這種日子我一分鐘也待不下去了，我們何不到另一個國家，看看情況是否會比這裡好些？」

但是美哈拉，生命中頭一回對妹妹說出有智慧的話。她若有所思地說：「妳知道嗎，我懷疑我們是咎由自取。我雖不想這麼說，但是我們必須留下來，無論走到哪裡都一樣，因爲我們是帶著自己一起走的。」

話才一說完，外面街道上突然傳來驚人的喧鬧聲。兩位少婦跑出門外，正好趕上看見上師克里希納嘎亞經過，隨行眾有七百勇父與空行母。他的頭頂上方神奇地飄浮著華蓋，周圍的虛空中則發出和諧的顱骨手鼓聲。

兩姊妹在衝動之下，撲倒在他面前，坦白道出她們不幸的生命故事，並祈求他的教導。克里希納當場爲她們灌頂，並教導結合見解與行持的金剛亥母之道，然後送她們去修持成就法。

兩姊妹精勤地禪修十二年並成功地達成目標。她們再度出定，回到世間，決定一起去拜訪上師以尋求更多的教授。她們在茅廬中找到上師後，謙卑地在他面前頂禮，然後繞行數圈以示尊敬。

上師親切地接待她們，但是顯然認不出她們是誰。

兩姊妹甚感失望，問道：「您不記得我們了嗎？我們是您十二年前灌頂的那兩個結了婚但不快樂的姊妹。」

上師生氣地說：「如果我給過妳們灌頂，那爲什麼還空手而來！」

姊妹回答：「請告訴我們，您要什麼？我們任憑差遣。」

「妳們的頭！」他不假思索地要求。

她們也同樣毫不遲疑地回答：「我們將獻上您的所求！」兩人各自從喉間拔出銳利的淨覺之劍。眨眼間，她們就各自斬下頭顱，而當她們對上師獻上供養時，被割下的頭顱如此唱道：

依師口訣之恩德，
吾等融合生圓修。
摧毀輪涅之分別。
圓滿結合見與行。
了知迎拒無分別。

透過上師口訣的恩德，
我們融合生起與圓滿禪修。
我們摧毀輪迴涅槃的分別。
我們圓滿結合知見與行持。
我們明白迎拒間沒有分別。

安住空覺雙運中，
了知自他無差別。
成就隨緣真如境，
以此獻禮為表徵。

安住空性與淨覺的加持雙運中，
我們明白自他無別。
爲象徵成就此隨緣眞如的境界，
我們獻上這些禮物。

上師大喜之下讚歎道：

且看二大瑜伽女——
因證果位而喜悅！
汝當捨己寂靜樂，
今起為利他人活。

看啊兩位偉大的瑜伽女——
她們因證得果位而喜悅！
現在，放下你們自己的寂靜與安樂，
開始爲他人的福祉而活。

克里希那當下把兩顆頭顱完美地安放回姊妹各自的肩膀上，沒有留下疤痕或瑕疵，好似從來未曾發生過剛剛的事情。圍觀的群眾大爲驚訝與震懾，從此之後兩姊妹就以無頭瑜伽女而聞名。

美哈拉與康那哈拉以感激之情，在上師面前跪下並以頭觸足表示敬意。就在她們如此行儀的同一時刻，姊妹便獲得了大手印成就，此後許多年，她們無私地爲眾生的福祉效命，並以肉身進入了空行淨土❶。

譯註：

❶在貢噶精舍所出的《八十四大成就者傳》和薩迦學會所出的《八十四成就者傳記》中，這是兩位大成就者的故事，也就是姊妹各算一位。

50

奇惹巴拉巴（Kirapalapa/Kilapa，奇拉巴）

悔過的征服者

如雲遮蔽太陽光，
吾亦不見實相光，
自他概念所遮蔽。
然於了悟之剎那
吾心沐浴
自性空之光輝中。
佛亦成無義指稱。

如同雲朵遮蔽太陽光，
我也見不到實相之光，
乃被自他概念所遮蔽。
然而，於了悟的瞬間，
我的心沐浴在
自性爲空的光輝之中。
就連「佛」也變成了毫無意義的標籤。

瓜哈惹（Grahara）的國王是個內心貪婪且永不饜足的人，他常常坐立不安。而滿足的狀態卻如一場永遠不醒的夢境那般迴避著他。

雖然他統轄的王國廣闊富饒，也享有如財神庫貝拉一般多樣且美妙的樂趣，但他始終不覺滿足，永遠想要掌握更多的領土、更多的財富。爲了滿足他的渴望，他的軍隊總是與鄰近國家起干戈，也總是勝利的一方。

一天，渴望榮耀與帝國的國王，隨著他的某一支軍隊來到一個遙遠國家的首都進行掠奪。如果這次讓他得手，就會使他的疆界朝向大海延伸，而且誰知道還有多少財富會歸他所有呢！

雖然他從小就受過戰鬥訓練，但從來沒有親眼見過戰爭的殘酷。他眼見自己的兵士屠殺來不及躲開的無助老人和婦女，內心越來越反感。他看見嬰兒從母親的懷中被攫取，像陶壺一樣砸到牆上；年輕婦女在這些軍人手中輪流傳遞、任所欲爲。他看見妻子沒了丈夫、孩子沒了母親，所有的人都沒了家。國王的鼻孔充滿鮮血的味道，耳朵裡盡是尖叫聲，眼睛裡盡是恐怖，而他的內心知道，自己就是這一切不必要災難的始作俑者。

他經歷了一番徹底的轉變，並開始深切懺悔。內心的慈悲如泉湧出，於是他把軍隊撤離到城牆之外，接著盡其所能地補償自己對這些人民造成的痛苦。他下令重建城市，恢復對方家庭，照顧孤兒寡婦，並且簽下和平條約。

當他回到自己的城市時，決定開始新的生活方式。他敲響慈善大鐘，把全部的巨大財富都布施給窮人。

就在此時，一位衣衫襤褸的瑜伽士來到皇宮大門乞食。國王邀請他上自己的餐桌並供養最好的食物。餐畢，國王告訴瑜伽士他內心巨大的轉變以及想修持成就法的渴望。瑜伽士教他如何皈依三寶，如何持菩薩戒以及修四無量心。但是，忠於習性的國王不以此爲滿足。他祈求瑜伽士教他即生成佛的法要。瑜伽士警告他，在修道途上會遇到種種的困難，但是國王非常堅定。當下瑜伽士給予勝樂金剛灌頂，並教導國王生起與圓滿次第的禪修方法。

儘管國王抱著強烈的決心開始了修行之道，但沒多久，他就又開始關注政府與軍隊的事務。每次企圖禪修時，他的思緒就一而再、再而三地回到舊有的習性上；爲此，他再度請示上師。這回，瑜伽士爲他設計了一種成就法，運用同樣這些思緒作爲解脫道上的墊腳石：

觀想三界諸眾生，
如驕傲勇士大軍。
使其為嚴整部隊——

觀想三界的一切眾生，
有如驕傲的勇士大軍。
將他們結合成一支嚴守紀律的部隊——

自心無邊之空性——
且看敵人皆戰敗。
彼時偉大國王您，
沐浴勝利大樂中。

心的無邊空性——
眼看你所有的敵人就此戰敗。
那時偉大的國王就能沐浴在
勝利的大樂中。

奇蔻巴拉巴國王以這種方式禪修十二年，然後獲得覺悟與成就。在他了悟的那一天，身體開始放出金色的光暈，並且迅速充滿整個皇宮。那道金光流經皇宮，有如日出那般耀眼，國王的妻妾與大臣們明白他已經達成目標，於是聚集在他面前向他致敬。以下是國王給予他們的教授：

權勢財富之欲望
轉成欲以四無量
對待諸眾生之望。

轉化對權勢與財富之欲望
成爲想要以四無量心
對待所有眾生之渴望。

以戰士般憤怒利刀鋒，　用戰士般憤怒之銳利刀鋒，
消滅進入內心魔無餘。　消滅每一個進入內心的魔。

經過七百年無私地服務眾生之後，國王與六百名弟子一同飛升而入於空行淨土。

51

龍菩提（Nagabodhi）

頭上長紅角的賊

活在世上何其幸！
深海藏寶何其多！
值遇無目標者時，
揮舞覺性之刀劍，
得見諸友何其悅！

活在世界上多幸運啊！
深海藏有多少財富啊！
值遇「無目標者」時，
揮舞著覺性之劍，
並且見到朋友們多愉悅啊！

許多年以前，聖龍樹尊者住在蘇瓦那修院（Suvarna Vihara）中。每天晚上都會有一桌爲他準備好的宴席，而且還配上純金的餐具。一天晚上，當他坐在精緻講究的晚餐之前，有個西印度來的婆羅門正好經過，就往裡窺視。當他看見閃閃發光的餐具時，他停下了腳步。因爲他是個竊賊，如此多的金器不只眩目，而且也激起了他的貪婪。

他還沒來得及想出一套要如何偷走這些寶物的辦法，一只純金的聖餐杯便從窗內飛出來落在他的手中。他驚訝自己竟然如此幸運，連問都不問，馬上就把金杯兜進袍裡趕緊走開。

第二天晚上，他又經過龍樹門前。當這位竊賊正在揣摩如何進到屋裡而不會被發現的最佳方式時，一片金盤便像鍍金的鳥兒一樣飛出窗外，恰巧撞在他的小腿上。目瞪口呆的竊賊再度把他的寶物揣到袍裡，蹣跚地步入晚霞之中。

心想第三次永遠是最幸運的，小偷隔天又來了，盤算著要怎樣將庫藏一掃而空。他才剛剛到達房子一角，正開始慢慢朝門口挪近時，所有剩下的盤、碗、杯，劈哩啪啦地全部飛出門外，然後整齊地自行堆疊在他腳下。這下子，小偷整個愣住了，在他的經驗中從來沒有這種事情發生過。到底是誰住在這裡？這人讀得到他的心思嗎？

此時，屋裡傳來一個友善的聲音：「我的東西都是你的，不需要偷。請進來，和我一起吃喝。我叫龍樹，你願意待多久都行，離開的時候，想帶走什麼都可以。」

小偷驚懾之餘，進到屋裡和聖者一起用了晚餐。他從來沒碰過這樣的人，他也想探探這個陌生人的底。龍樹的言談一掃偷兒的疑慮，他對上師生起了絕對的信心。

最後，他唯一想帶走的是上師如黃金般的教授。龍樹很高興，賜予小偷密集金剛密續灌頂，然後指導他如何禪修貪欲並找到解脫之道：

首棄諸行之想法。
復於頂輪之囟門，
觀想透明大紅角，
放射紅寶石光芒。
此角為汝欲求物——
視其僅為虛妄之
心意圖像概念爾。

首先，放棄所有行動的想法。
然後，在你頭上頂輪的囟門，
觀想一隻大角，透明且紅色，
放射紅寶石的光芒。
角代表你希望到手之物——
將那些物品視爲只是概念、
虛妄的心意圖像而已。

然後龍樹把小偷的房子裝滿鑽石、紅寶石、藍寶石、珍珠、翡翠以及蛋白石，一切所能想像得到的寶物都在這裡了。小偷內心的滿足難以衡量，他坐下來依上師的教授禪修。

十二年過去，他的頭蓋骨上長出一隻巨大的角，不時隨著憤怒的紅光而跳動，彷彿是活的一般，而他的身體則會抽搐顫抖。這位可憐的賊人飽受折磨。

當龍樹來到他面前詢問進展如何時，弟子描述著可怕的痛苦。大師馬上知道問題出在哪裡，於是傳予了進一步的教授：

巨大犄角諸細胞所成❶——
顯相與固著想法而來，
此角正在摧毀汝安樂，
乃因貪著乍似堅實物，
恆為痛苦之起因。
然此所欲之對境，
卻非真實之存有。
相較空中盤繞雲，
事件並非更真實。
生住滅能以何法
為吾等帶來利弊？
能知所知此二者
根本上皆為空性，

巨大的角，由一個個細胞所構成，
而其來自顯相與固著的想法，
正在摧毀你的安樂，
這是因爲貪著乍似堅實之物，
永遠是痛苦的原因。
然而此欲望的對象，
並不是眞實的存在。
相較於盤繞在天空中的雲朵，
事件並無更多眞實。
生、住、滅怎能以任何方式
傷害或利益我們呢？
當能知與所知二者
於根本上皆爲空性，

自心淨本性怎會
因何事而受左右？

清淨的自心本性怎會
因任何方式受到影響？

透過龍樹的言教，龍菩提逐漸了悟自己本身的空性自性。他專注於此並進入甚深禪修，紅角便在六個月內完全消失了，他了悟輪迴與涅槃的無二無別，達到解脫的果位。

到了龍樹要離世的時候，他召喚龍菩提前來，指定他作爲繼承人以及所創法脈的上師。龍樹接著爲這位已然了悟的小偷灌頂，並在吉祥的時刻賜予弟子八大成就。

這些賜予開悟者的神通，包括了：地遁土行成就、覺性寶劍成就、捆綁殲滅成就、生長富足成就、天眼藥丸成就、遍知眼藥成就、神足疾行成就、不死丹藥成就。

龍樹命令龍菩提留在斯里帕壩山區，無私地爲眾生服務，直到當來下生彌勒佛降世之前，都要在世界各地行使無我的利生事業。

據說龍菩提會在當地住世兩千年。

譯註：

❶這兩行在藏文原著中的意思為「假立所觀之犄角」。

52

薩瓦巴克薩（Sarvabhaksa）

空腹的成就者

無明時，味道各有不同；於無明中，不同味道各有差異；
了悟時，諸味本質為一。於了悟中，所有味道本質爲一。
無明時，輪迴涅槃相隔；於無明中，輪迴涅槃各自分離；
了悟時，兩者合為淨樂。於了悟中，兩者合一成爲淨樂。

薩瓦巴克薩是個食量驚人的賤民，他總是覺得挨餓。不論白天、夜晚，甚至在夢中皆爲飢餓所苦。能吃的他都吃了，卻始終不感飽足。

一天，飢餓感又啓動了，而且遠遠超過他所能填滿的範圍。再多的食物也滿足不了他的渴求。他在徹底絕望之下退隱到一座山洞裡，怨嘆自己對食物的癮頭以及空腹的痛苦。上師薩惹哈發現他在那兒，便問他是怎麼回事，爲什麼如此哀傷地哭泣呻吟？

這位嘴饞的人說：「我的空肚子裡總有一團火在燒，它會吞噬一切，我永遠滿足不了它；我今天找不到夠吃的東西，因此非常痛苦。」

上師答：「如果你連這樣小的飢餓都忍受不住，萬一投生爲餓鬼，那該怎麼辦？」

薩瓦巴克薩恐懼地問道：「餓鬼？什麼是餓鬼？」

上師暫時揭開弟子肉眼的遮蔽，讓他足以看見可憐的幽靈們，然後用手指著其中一位，如此回答他的問題：「由於貪婪的業力，他們注定要受一萬年無止盡的苦。」他警告：「他們口如針眼、喉如細髮，而肚子卻像一座空山。他們對食物的渴求永無止盡，再微小的滿足都遙不可得。」

這個貪吃的人聽了，嚇得渾身顫抖。他在薩惹哈跟前頂禮祈求道：「我該如何避免這麼恐怖的命運？請您告訴我解套的方法。」

薩惹哈知道這種命運的唯一對治方法，就是慈悲與布施，於是指引他進入布蘇庫（寂天）之道，後者被稱爲「懶惰的化身」：

觀想汝腹如虛空；
飲食中見諸現象；
感受汝消化熱度，好似劫末之大火；
於汝食用物品時，吞噬一整個宇宙。

觀想你的肚子有如虛空；
在飲食中看見所有現象；
感受你消化的熱力好似劫末大火；
在你食用物品時，吞噬整個宇宙。

於是，這個貪吃的人精勤地進行禪修，他對成就法的胃口之大，吃光了須彌山所有的石頭，仍不滿足；他吞噬宇宙，把太陽和月亮都吞進肚裡，大地失去了光明，人們感到極端恐懼。

空行們四處搜尋，直到尋得了薩惹哈並懇請他伸出援手。瑜伽士回到正在禪修的弟子面前，給他進一步指示：「觀想你所吃的一切爲究竟空。」

透過這個口訣，這位貪吃的人於是了解現象與空性的自性爲一，因而達到修行的果位。太陽重新照亮白天，月亮再度放出銀色光芒祝福著黑暗的夜晚，人們都歡欣慶賀。

薩瓦巴克薩經過十五年的修行，獲得了大手印成就。此後的六百年間，他以慈悲與布施服務眾生。後來，在一千名弟子的陪同下，他進入了空行淨土。

53

瑪尼巴札（Manibhadra）

模範妻子

吾心受無明覆時，
批評念隨應諸聲。
吾心自性揭示時，
遂知眼前諸顯現，
皆為實相之本身。

當我的心爲無明覆蓋時，
批評之念隨應每個聲音。
當自心本性向我揭示時，
遂明白面前出現的一切，
即實相本身。

阿噶西城（Agarce）住著一位有錢人，他有個十三歲的女兒，名叫瑪尼巴札。依照習俗，正值這個年齡的她，便被許配給同樣階級的一名男子，但也被允許繼續住在娘家，直到能夠擔起做妻子的責任爲止。

一天，當上師庫庫里巴前來乞食時，瑪尼巴札正巧在母親的廚房裡。她歡迎上師並且以雙手承事，整個過程，她都羞澀地從低垂的睫毛下偷偷看他。

最後她終於忍不住，拋開少女的矜持，讚歎道：「多麼俊美的男人啊！您爲什麼要穿著破衣爛衫乞食，而不像我父親一樣娶個妻子過安逸的日子呢？」

女孩天眞的好奇心讓瑜伽師大笑，他說：「謝謝妳，孩子！那正是我想逃離的。我害怕生死之輪，用這種方式生活並且修行，就是爲了想讓自己從生生世世的輪轉業力中解脫。要知道，我遲早都可能不再有機會這麼做了。」

「爲什麼呢，聖者？」她睜大眼感興趣地問。

他回答：「那是因爲生而爲人，才有珍貴的機會提昇心靈。領悟到這一點後，我就放棄了原先的生活方式和所有與女性相關的念頭。」

瑪尼巴札的信心之火被點燃了，她對瑜伽士生起強烈的信心，並懇求他指示解脫之道。

庫庫里巴回答：「我住在墳場，每個人都認得我。如果妳想知道更多，就到那兒找我。」

他感謝她的款待，而後離去。

瑜伽士所說的話讓瑪尼巴札陷入沈思，以致接下來她一整天都忘了幹活。夜色降臨，她卻毫無睡意，熱切渴望知道更多。於是她起身著衣，悄悄地溜出了門，留下沈睡的家人。

雖然她未曾獨自出過門，卻毫無畏懼地穿過街道的陰影往墳場走去。一個好心的乞丐告訴她庫庫里巴的茅棚要怎麼走，而後瑜伽士歡迎她的到來。

瑜伽士看出她的心性已然成熟，而且動機真誠，於是便爲年輕的求法者授戒灌頂，並指導她生起與圓滿次第的禪修方法。庫庫里巴讓女孩獨自留在茅棚七天，以使她對成就法的修持能夠穩定。

然而，家人心急如焚，毫無頭緒地瘋狂四處找尋她的蹤跡，他們是城裡的望族之一，純正血統可以上溯幾代之遠，這樣的家世從來沒發生過玷污名譽的事。他們不知道該因爲哀傷或羞恥而痛哭。

當失蹤多日的瑪尼巴札回到家時，父母因她造成了醜聞而將她打了一頓，又用各種難聽的字眼罵她。令人訝異的是，夫家依然願意履行婚約。

瑪尼巴札以非常平靜的態度爲自己辯護。「世界上沒有不曾做過我父親或母親的人，」她說。「畢竟，出生名門，卻無法擺脫輪迴的束縛，這種出身有什麼用呢？我一直和我的上師在一起，他教導我修行解脫的成就法。而我已經開始修行了。」

瑪尼巴札的雙親被女兒的氣宇與堅定所折服，竟一時語塞。當她要求免除家務以專心修法時，他們也沒有反對。

一年過去，隨著瑪尼巴札婚期的逼近，家人越加顯得焦慮，害怕她會拒絕婚約；而令他們驚訝的是，她卻隨順地跟著丈夫進入夫家。

當家人聽說瑪尼巴札變成模範妻子時，更是錯愕。她所做的遠比期望還好，而且非常愉悅又充滿愛心。她從不發怒，永遠口吐佳言且行爲謙遜。她在吉祥的日子生了一個兒子，後來又添了一名女兒，並且把他們教養得堪爲楷模。這一家眞是再幸福不過了。

就這樣過了十二年。一天早上，正値遇見上師的第十三週年，她從溪邊回來，頭上頂著一瓶水。陷入甚深禪定的她，被樹根絆了一跤摔倒在地，水瓶應聲砸碎一地。

之後，就沒人看到她的蹤影；人們開始上上下下地四處尋找，大約在黃昏時，有人想起來她一早去汲水。於是焦急的先生趕緊前去，結果發現她靜坐在路中央，凝視著破碎的水瓶。

可是，任憑丈夫在耳邊如何說話、吼叫或試圖拉她起身，都沒有用，最後他只好找鄰居來幫忙。

但是瑪尼巴札依然緘默並保持不動，直到黑夜降臨。當她回過神來，驚訝地發現身旁竟圍滿了人。她用清澈晶亮的眼睛看著大家，開始輕輕地唱出證道之歌：

無始以來有情眾，　　從無始以來，有情眾生
破己容器而命終。　　打破他們的容器，然後生命結束。
何以卻又回此家？　　但是他們爲何又要接著回家？
吾今打破己容器。　　今天，我打破我的容器。
然要放棄輪迴家，　　但是我要放棄輪迴之家，
轉而求取淨樂刹。　　轉而取淨樂之刹。
上師何其美妙哉——　　上師多麼神奇啊——
希求快樂當依止。　　若是希求快樂，就當依止他。

說著說著，瑪尼巴札騰空而起並在空中懸浮長達二十一天，給予阿噶西城人種種的修行教授。之後她向家人和鄰居道別，即身進入了空行淨土。

54

薩若汝哈（Saroruha）

蓮花之子

真如巨力處屈服，
博學龍王巴蘇卡，
為受苦者降厚禮。
此龍王若受調伏，
傾注密續奧祕理，
傳予男女受灌者。

在眞如的大力之處中屈服，
巴蘇卡，這位博學的龍王，
對受苦者降下大量的禮物。
若受到調伏，這位龍王將
傾注密續奧祕之理，
傳予男女受灌頂者。

康吉的因陀羅菩提王雖然統領一百四十萬戶人家，卻一直沒有自己的子嗣。國王與妻子感到非常悲哀，而人民也感到憂心，害怕未來會因爭奪繼承權而發起戰爭。

國王晝夜祈禱，祈求世間與出世間的天神能賜予子嗣，由於福德巍然，當時機成熟時，王后便懷了身孕。而且孕期之中輕鬆愉悅，隨著時光的流逝，王后越發顯得寧靜。

在懷胎的第六個月下旬，王后一連做了三個夢。首先，她夢見自己吃掉了須彌山；第二個夢裡則是飲盡了海水；在第三個夢中，她以腳掌鎮伏三界。她把這三個夢告訴丈夫，同感迷惑的兩人，召請了皇宮的說法師與星相家前來解夢。但是他們亦感迷茫，且意見分歧。

最後，國王下詔，要重賞能夠解析王后夢境的人。於是眾人群集，並一致認同夢境顯示將會有位菩薩誕生而以眞理統治該國。但是人民仍感不悅，因爲繼承者的問題還是沒有解決。

當孕期來到第九個月的第十天午夜，孩子誕生了。但是這個嬰兒的誕生方式非常神祕。由於嬰兒往昔的業力與福德，他是從湖上一朵巨大蓮花中出生，同一時刻，天空也降下如雨般的財富給予全國居民。

人們驚喜之餘，想要了解異象背後的原因，於是開始搜索有何神奇的跡象。第二天中午，一名漁夫發現在湖中央的蓮花搖籃上有位小孩，於是懷著無比的歡喜將他帶進王宮。

同年，王后又生一子。由於長子放棄王位出家爲僧，次子遂取代長子統治了國家。這位年輕僧人爲了心靈更深層的追求，決定啓程前往偉大的吉祥達尼雅卡達卡城（Sri Dhanyakataka），那裡是佛陀親自教導時輪金剛（Kalacakra）密續的地方。

途中，他遇見一位前往同樣目的地的僧人，於是他們決定結伴同行。事實上，這位年長的僧人正是大悲觀世音菩薩的化現，蓮花生之子的上師。菩薩想要測試這位年輕夥伴的求道之心是否眞誠且堅定不移，便表示可以教他關於報身佛的教授。

年輕僧人表達了熱切學習的意願，但是觀世音菩薩堅持他必須先對上師展現信心以及虔敬，並承認若非上師的協助他便不可能顯現報身相。薩若汝哈在菩薩前頂禮，後者隨即揭示喜金剛和眷屬眾的實相，教授完後便消失於空中，這時年輕的受灌者才認出了上師眞實的身分。

薩若汝哈繼續往目的地前進，以便開始修持成就法，並希望能實證上師在灌頂時向他開示的一切。抵達之後不久，一位貌似瑜伽士的人主動表示想當他禪修期間的侍者，條件是薩若汝哈要同意在獲得成就時爲他灌頂。雙方達成協議，於是弟子搬到離上師很近的一處山洞，照顧他一切所需長達十二年。

僧人並不知道，當他開始閉關時，正逢雨季結束而乾旱降臨，不久，禾苗漸漸枯萎，使得遍地飢荒、民不聊生。

薩若汝哈的侍者不敢告訴主人實情，唯恐他放棄修行，連帶影響了侍者自己的灌頂，於是竭盡所能地尋找食物並僅靠主人的剩食活命。然而，到了第十二年的年底，他已經找不到任何

食物了。此時，皇家開啓糧倉賑濟百姓，於是侍者到王宮乞得了一碗穀子。

侍者小心翼翼地守護著每一粒珍貴的穀子，回到主人的洞穴，但當他正要進洞時，卻因虛弱而不支倒地，並將穀子撒了一地。

「你喝醉了嗎？」他的上師顯然對這個混亂有些不悅。

忠心的侍者回答：「沒有，主人。我從哪裡找酒喝？」眼見紙包不住火，他只好說實話：「我是因爲太餓才這麼虛弱的。」

「那爲什麼不吃東西呢？」薩若汝哈驚訝地問。於是侍者和盤托出整個乾旱的始末。

僧人怒斥並大發雷霆：「你爲什麼不告訴我！我有能力讓雨回來，讓莊稼生長。讓開！」

薩若汝哈撿起地上的一粒粒穀子，把它們收集起來並帶到附近的溪邊，在那裡做成食子向八大龍天護法供養；然後口唸咒語、結持手印並入於三摩地，直到那些龍王的頭因咒聲的喧鬧而幾乎炸開，於是牠們出現在他面前，對他伏首稱臣。

「這場飢荒是你們造成的，」大師用責備的口吻說。「這些無辜死亡的性命，都要算在你們頭上。你們得彌補自己荒謬絕倫的行爲。今天你們要降下白米，塡滿這塊土地上每個飢餓的肚子，明天你們要降下五穀，後天你們要降下各種生活物資；之後的三天，你們要降下黃金與珠寶，到了第七天便要降雨！」

八大龍王遵命照辦，不敢有絲毫違背。連續六天，豐饒的物資如大雨傾盆落在飢餓的人身上，解除了眾生的痛苦。第七天大雨降下，生命的循環重新開始。乾渴的大地深深吸足了雨水，一夜之間，一層薄霧般的綠靄覆蓋了田園。枯樹長出新葉，茵茵綠草豐沛，足以餵飽存活下來的牛群和羊群。再次地，子宮又能夠孕載新的生命，不論是人類或是動物的新生兒，都爲每戶人家帶來了喜悅。

人們開始尋找這些奇蹟的源頭，很快地，大家便發現這是來自大師的威能。當人們越來越了解大師的作爲後，信心便開始醒覺了。

薩若汝哈最終寬恕了侍者所犯的錯誤並賜予他灌頂，然後爲這位名爲羅摩的徒弟指導喜金剛的生起與圓滿次第修法，同時加上一句警告：「如果不能無私地爲人們服務，你永遠無法證得空行淨土。現在就去斯里帕壩山，在那兒修你的成就法。」

說著，大師騰空而起，就這麼消失無蹤。

羅摩到了斯里帕壩，在那兒將一位美麗的公主納爲明妃。他們進入叢林裡閉關，並爲天神羅摩建造了一座廟❶，兩人實修教法而即身成就，雙雙進入了空行淨土。

譯註：

❶在古印度文學和傳說中，關於羅摩的故事有好幾則。此處所指應為印度史詩《羅摩衍那》的男主角，也是印度教所供奉的神之一。

橡樹林文化 ❖❖ 成就者傳紀系列 ❖❖ 書目

JS0001	惹瓊巴傳	堪千創古仁波切◎著	260 元
JS0002	曼達拉娃佛母傳	喇嘛卻南、桑傑・康卓◎英譯	350 元
JS0003	伊喜・措嘉佛母傳	嘉華・蔣秋、南開・寧波◎伏藏書錄	400 元
JS0004	無畏金剛智光：怙主敦珠仁波切的生平與傳奇	堪布才旺・董嘉仁波切◎著	400 元
JS0005	珍稀寶庫——薩迦總巴創派宗師貢嘎南嘉傳	嘉敦・強秋旺嘉◎著	350 元
JS0006	帝洛巴傳	堪千創古仁波切◎著	260 元
JS0007	南懷瑾的最後 100 天	王國平◎著	380 元
JS0008	偉大的不丹傳奇・五大伏藏王之一 貝瑪林巴之生平與伏藏教法	貝瑪林巴◎取藏	450 元
JS0009	噶舉三祖師：馬爾巴傳	堪千創古仁波切◎著	300 元
JS0010	噶舉三祖師：密勒日巴傳	堪千創古仁波切◎著	280 元
JS0011	噶舉三祖師：岡波巴傳	堪千創古仁波切◎著	280 元
JS0012	法界遍智全知法王——龍欽巴傳	蔣巴・麥堪哲・史都爾◎著	380 元
JS0013	藏傳佛法最受歡迎的聖者—— 瘋聖竹巴袞列傳奇生平與道歌	格西札浦根敦仁欽◎藏文彙編	380 元

橡樹林文化 ❖❖ 善知識系列 ❖❖ 書目

JB0001	狂喜之後	傑克・康菲爾德◎著	380 元
JB0002	抉擇未來	達賴喇嘛◎著	250 元
JB0003	佛性的遊戲	舒亞・達斯喇嘛◎著	300 元
JB0004	東方大日	邱陽・創巴仁波切◎著	300 元
JB0005	幸福的修煉	達賴喇嘛◎著	230 元
JB0006	與生命相約	一行禪師◎著	240 元
JB0007	森林中的法語	阿姜查◎著	320 元
JB0008	重讀釋迦牟尼	陳兵◎著	320 元
JB0009	你可以不生氣	一行禪師◎著	230 元
JB0010	禪修地圖	達賴喇嘛◎著	280 元
JB0011	你可以不怕死	一行禪師◎著	250 元
JB0012	平靜的第一堂課——觀呼吸	德寶法師 ◎著	260 元
JB0013X	正念的奇蹟	一行禪師◎著	220 元

JB0014X	觀照的奇蹟	一行禪師◎著	220 元
JB0015	阿姜查的禪修世界——戒	阿姜查◎著	220 元
JB0016	阿姜查的禪修世界——定	阿姜查◎著	250 元
JB0017	阿姜查的禪修世界——慧	阿姜查◎著	230 元
JB0018X	遠離四種執著	究給．企千仁波切◎著	280 元
JB0019X	禪者的初心	鈴木俊隆◎著	220 元
JB0020X	心的導引	薩姜．米龐仁波切◎著	240 元
JB0021X	佛陀的聖弟子傳 1	向智長老◎著	240 元
JB0022	佛陀的聖弟子傳 2	向智長老◎著	200 元
JB0023	佛陀的聖弟子傳 3	向智長老◎著	200 元
JB0024	佛陀的聖弟子傳 4	向智長老◎著	260 元
JB0025	正念的四個練習	喜戒禪師◎著	260 元
JB0026	遇見藥師佛	堪千創古仁波切◎著	270 元
JB0027	見佛殺佛	一行禪師◎著	220 元
JB0028	無常	阿姜查◎著	220 元
JB0029	覺悟勇士	邱陽．創巴仁波切◎著	230 元
JB0030	正念之道	向智長老◎著	280 元
JB0031	師父——與阿姜查共處的歲月	保羅．布里特◎著	260 元
JB0032	統御你的世界	薩姜．米龐仁波切◎著	240 元
JB0033	親近釋迦牟尼佛	髻智比丘◎著	430 元
JB0034	藏傳佛教的第一堂課	卡盧仁波切◎著	300 元
JB0035	拙火之樂	圖敦．耶喜喇嘛◎著	280 元
JB0036	心與科學的交會	亞瑟．札炯克◎著	330 元
JB0037	你可以，愛	一行禪師◎著	220 元
JB0038	專注力	B．艾倫．華勒士◎著	250 元
JB0039X	輪迴的故事	堪欽慈誠羅珠◎著	270 元
JB0040	成佛的藍圖	堪千創古仁波切◎著	270 元
JB0041	事情並非總是如此	鈴木俊隆禪師◎著	240 元
JB0042	祈禱的力量	一行禪師◎著	250 元
JB0043	培養慈悲心	圖丹．卻准◎著	320 元
JB0044	當光亮照破黑暗	達賴喇嘛◎著	300 元
JB0045	覺照在當下	優婆夷　紀．那那蓉◎著	300 元
JB0046	大手印暨觀音儀軌修法	卡盧仁波切◎著	340 元
JB0047X	蔣貢康楚閉關手冊	蔣貢康楚羅卓泰耶◎著	260 元
JB0048	開始學習禪修	凱薩琳．麥唐諾◎著	300 元
JB0049	我可以這樣改變人生	堪布慈囊仁波切◎著	250 元
JB0050	不生氣的生活	W. 伐札梅諦◎著	250 元
JB0051	智慧明光：《心經》	堪布慈囊仁波切◎著	250 元

JB0052	一心走路	一行禪師◎著	280 元
JB0054	觀世音菩薩妙明教示	堪布慈囊仁波切◎著	350 元
JB0055	世界心精華寶	貝瑪仁增仁波切◎著	280 元
JB0056	到達心靈的彼岸	堪千・阿貝仁波切◎著	220 元
JB0057	慈心禪	慈濟瓦法師◎著	230 元
JB0058	慈悲與智見	達賴喇嘛◎著	320 元
JB0059	親愛的喇嘛梭巴	喇嘛梭巴仁波切◎著	320 元
JB0060	轉心	蔣康祖古仁波切◎著	260 元
JB0061	遇見上師之後	詹杜固仁波切◎著	320 元
JB0062	白話《菩提道次第廣論》	宗喀巴大師◎著	500 元
JB0063	離死之心	竹慶本樂仁波切◎著	400 元
JB0064	生命真正的力量	一行禪師◎著	280 元
JB0065	夢瑜伽與自然光的修習	南開諾布仁波切◎著	280 元
JB0066	實證佛教導論	呂真觀◎著	500 元
JB0067	最勇敢的女性菩薩——綠度母	堪布慈囊仁波切◎著	350 元
JB0068	建設淨土——《阿彌陀經》禪解	一行禪師◎著	240 元
JB0069	接觸大地—與佛陀的親密對話	一行禪師◎著	220 元
JB0070	安住於清淨自性中	達賴喇嘛◎著	480 元
JB0071/72	菩薩行的祕密【上下冊】	佛子希瓦拉◎著	799 元
JB0073	穿越六道輪迴之旅	德洛達娃多瑪◎著	280 元
JB0074	突破修道上的唯物	邱陽・創巴仁波切◎著	320 元
JB0075	生死的幻覺	白瑪格桑仁波切◎著	380 元
JB0076	如何修觀音	堪布慈囊仁波切◎著	260 元
JB0077	死亡的藝術	波卡仁波切◎著	250 元
JB0078	見之道	根松仁波切◎著	330 元
JB0079	彩虹丹青	祖古・烏金仁波切◎著	340 元
JB0080	我的極樂大願	卓千拉貢仁波切◎著	260 元
JB0081	再捻佛語妙花	祖古・烏金仁波切◎著	250 元
JB0082	進入禪定的第一堂課	德寶法師◎著	300 元
JB0083	藏傳密續的真相	圖敦・耶喜喇嘛◎著	300 元
JB0084	鮮活的覺性	堪千創古仁波切◎著	350 元
JB0085	本智光照	遍智　吉美林巴◎著	380 元
JB0086	普賢王如來祈願文	竹慶本樂仁波切◎著	320 元
JB0087	禪林風雨	果煜法師◎著	360 元
JB0088	不依執修之佛果	敦珠林巴◎著	320 元
JB0089	本智光照—功德寶藏論　密宗分講記	遍智　吉美林巴◎著	340 元
JB0090	三主要道論	堪布慈囊仁波切◎講解	280 元
JB0091	千手千眼觀音齋戒—紐涅的修持法	汪遷仁波切◎著	400 元

JB0092	回到家，我看見真心	一行禪師◎著	220 元
JB0093	愛對了	一行禪師◎著	260 元
JB0094	追求幸福的開始：薩迦法王教你如何修行	尊勝的薩迦法王◎著	300 元
JB0095	次第花開	希阿榮博堪布◎著	350 元
JB0096	楞嚴貫心	果煜法師◎著	380 元
JB0097	心安了，路就開了： 讓《佛說四十二章經》成為你人生的指引	釋悟因◎著	320 元
JB0098	修行不入迷宮	札丘傑仁波切◎著	320 元
JB0099	看自己的心，比看電影精彩	圖敦．耶喜喇嘛◎著	280 元
JB0100	自性光明——法界寶庫論	大遍智　龍欽巴尊者◎著	480 元
JB0101	穿透《心經》：原來，你以為的只是假象	柳道成法師◎著	380 元
JB0102	直顯心之奧秘：大圓滿無二性的殊勝口訣	祖古貝瑪．里沙仁波切◎著	500 元
JB0103	一行禪師講《金剛經》	一行禪師◎著	320 元
JB0104	金錢與權力能帶給你甚麼？ 一行禪師談生命真正的快樂	一行禪師◎著	300 元
JB0105	一行禪師談正念工作的奇蹟	一行禪師◎著	280 元
JB0106	大圓滿如幻休息論	大遍智　龍欽巴尊者◎著	320 元
JB0107	覺悟者的臨終贈言：《定日百法》	帕當巴桑傑大師◎著 堪布慈囊仁波切◎講述	300 元
JB0108	放過自己：揭開我執的騙局，找回心的自在	圖敦．耶喜喇嘛◎著	280 元
JB0109	快樂來自心	喇嘛梭巴仁波切◎著	280 元
JB0110	正覺之道．佛子行廣釋	根讓仁波切◎著	550 元
JB0111	中觀勝義諦	果煜法師◎著	500 元
JB0112	觀修藥師佛——祈請藥師佛，能解決你的困頓不安，感受身心療癒的奇蹟	堪千創古仁波切◎著	450 元
JB0113	與阿姜查共處的歲月	保羅．布里特◎著	300 元
JB0114	正念的四個練習	喜戒禪師◎著	300 元
JB0115	揭開身心的奧秘：阿毗達摩怎麼說？	善戒禪師◎著	420 元
JB0116	一行禪師講《阿彌陀經》	一行禪師◎著	260 元
JB0117	一生吉祥的三十八個祕訣	四明智廣◎著	350 元
JB0118	狂智	邱陽創巴仁波切◎著	380 元
JB0119	療癒身心的十種想—— 兼行「止禪」與「觀禪」的實用指引， 醫治無明、洞見無常的妙方	德寶法師◎著	320 元
JB0120	覺醒的明光	堪祖蘇南給稱仁波切◎著	350 元
JB0121	大圓滿禪定休息論	大遍智　龍欽巴尊者◎著	320 元
JB0122	正念的奇蹟（電影封面紀念版）	一行禪師◎著	250 元
JB0123	一行禪師　心如一畝田：唯識 50 頌	一行禪師◎著	360 元

成就者傳記系列　JS0014X

大成就者傳奇：54 位密續大師的悟道故事
Legends of the Mahasiddhas：Lives of the Tantric Masters

英文譯者／凱斯．道曼 (Keith Dowman)
插　畫　者／羅伯特．比爾 (Robert Beer)
中文譯者／普賢法譯小組
特約編輯／應桂華
協力編輯／丁品方
業　　務／顏宏紋

總　編　輯／張嘉芳
出　　版／橡樹林文化
城邦文化事業股份有限公司
104 台北市民生東路二段 141 號 5 樓
電話：(02)2500-7696　傳真：(02)2500-1951
發　　行／英屬蓋曼群島商家庭傳媒股份有限公司城邦分公司
104 台北市中山區民生東路二段 141 號 2 樓
客服服務專線：(02)25007718；25001991
24 小時傳真專線：(02)25001990；25001991
服務時間：週一至週五上午 09:30 ～ 12:00；下午 13:30 ～ 17:00
劃撥帳號：19863813　戶名：書虫股份有限公司
讀者服務信箱：service@readingclub.com.tw
香港發行所／城邦（香港）出版集團有限公司
香港灣仔駱克道 193 號東超商業中心 1 樓
電話：(852)25086231　傳真：(852)25789337
Email: hkcite@biznetvigator.com
馬新發行所／城邦（馬新）出版集團【Cité (M) Sdn.Bhd. (458372 U)】
41, Jalan Radin Anum, Bandar Baru Sri Petaling,
57000 Kuala Lumpur, Malaysia.
電話：(603) 90578822　傳真：(603) 90576622
Email：cite@cite.com.my

封面設計／兩棵酸梅
內文排版／歐陽碧智
印　　刷／韋懋實業有限公司

初版一刷／ 2018 年 3 月
二版一刷／ 2021 年 9 月
ISBN ／ 978-986-06890-3-7
定價／ 500 元

城邦讀書花園
www.cite.com.tw

國家圖書館出版品預行編目（CIP）資料

大成就者傳奇：54 位密續大師的悟道故事 / 凱斯．道曼 (Keith Dowman) 英譯；羅伯特．比爾 (Robert Beer) 插畫；普賢法譯小組中譯．-- 二版．-- 臺北市：橡樹林文化，城邦文化事業股份有限公司出版：英屬蓋曼群島商家庭傳媒股份有限公司城邦分公司發行，2021.09
面；　公分．--（成就者系列；JS0014X）
譯自：Legends of the mahasiddhas : lives of the Tantric masters

ISBN 978-986-06890-3-7（平裝）

1. 藏傳佛教　2. 佛教傳記

226.969　　110013484

廣　告　回　函
北區郵政管理局登記證
北 台 字 第 10158 號
郵資已付　免貼郵票

104 台北市中山區民生東路二段 141 號 5 樓

城邦文化事業股份有限公司
橡樹林出版事業部　收

請沿虛線剪下對折裝訂寄回，謝謝！

橡樹林

書名：大成就者傳奇：54 位密續大師的悟道故事　書號：JS0014X

橡樹林文化

讀者回函卡

感謝您對橡樹林出版社之支持，請將您的建議提供給我們參考與改進；請別忘了給我們一些鼓勵，我們會更加努力，出版好書與您結緣。

姓名：________________ □女 □男 生日：西元________年

Email：________________________________

● 您從何處知道此書？

□書店 □書訊 □書評 □報紙 □廣播 □網路 □廣告 DM □親友介紹

□橡樹林電子報 □其他________

● 您以何種方式購買本書？

□誠品書店 □誠品網路書店 □金石堂書店 □金石堂網路書店

□博客來網路書店 □其他________

● 您希望我們未來出版哪一種主題的書？（可複選）

□佛法生活應用 □教理 □實修法門介紹 □大師開示 □大師傳記

□佛教圖解百科 □其他________

● 您對本書的建議：

____

____

____

____

____

非常感謝您提供基本資料，基於行銷及客戶管理或其他合於營業登記項目或章程所定業務需要之目的，家庭傳媒集團（即英屬蓋曼群商家庭傳媒股份有限公司城邦分公司、城邦文化事業股分有限公司、書虫股分有限公司、墨刻出版股分有限公司、城邦原創股分有限公司）於本集團之營運期間及地區內，將不定期以 MAIL 訊息發送方式，利用您的個人資料於提供讀者產品相關之消費與活動訊息，如您有依照個資法第三條或其他需服務之業務，得致電本公司客服。

我已經完全瞭解左述內容，並同意本人資料依上述範圍內使用。

________________（簽名）

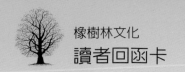

處理佛書的方式

佛書內含佛陀的法教，能令我們免於投生惡道，並且爲我們指出解脫之道。因此，我們應當對佛書恭敬，不將它放置於地上、座位或是走道上，也不應跨過。搬運佛書時，要妥善地包好、保護好。放置佛書時，應放在乾淨的高處，與其他一般的物品區分開來。

若是需要處理掉不用的佛書，就必須小心謹愼地將它們燒掉，而不是丟棄在垃圾堆當中。焚燒佛書前，最好先唸一段祈願文或是咒語，例如嗡（OM）、啊（AH）、吽（HUNG），然後觀想被焚燒的佛書中的文字融入「啊」字，接著「啊」字融入你自身，之後才開始焚燒。

這些處理方式也同樣適用於佛教藝術品，以及其他宗教教法的文字記錄與藝術品。

ཡི་གེ་ཉི་ཤུ་རྩ་དྲུག་པ་འདི་དཔེ་ཆའི་ནང་དུ་བཞག་ན་དཔེ་ཆ་དེ་ཅི་འདྲར་
བགོམས་ཀྱང་ཉེས་པ་མི་འབྱུང་བར་འཇམ་དཔལ་རྩ་རྒྱུད་ལས་གསུངས་སོ།།

此咒置經書中　可滅誤跨之罪